上海城市记忆丛书

著　李建华

海上旧闻录

Shanghai Old News Record

同济大学出版社
TONGJI UNIVERSITY PRESS

上海城市记忆丛书

策划　那泽民　乔士敏

自序

2006 年 10 月 28 日，忽然想起儿时住过的弄堂，拿上傻瓜相机，即赴天潼路。可走进一看，惊呆了：怡如里（天潼路 646 弄）已消失，跟它比邻的好几条弄堂全没了，由七浦路服装市场取而代之。所幸幼年住过的泰安里还在，我赶紧端起相机一阵拍摄，生怕它明天就会消失。这是我爱上街拍之缘起。之后，每隔一二年就会重访泰安里，直至 2014 年它被拆除。2009 年，听说网上有个“弄堂论坛”，那里聚集了许多弄堂朋友，聊弄堂往事，发老照片、老地图，人气很旺。于是，我注册登录，成为论坛一员。上论坛发的第一个帖子就是《跪求天潼路怡如里老照片》，想碰碰运气，没想到神奇的弄堂网很快带来惊喜：闸北网友老哈兄传来两张被拆之前的怡如里老照片。看到照片时，喜悦之情难以言表，很感激网友分享，它勾起我儿时记忆：弄堂，石库门房子，亭子间，弄堂游戏，还有有轨电车，弹街路，老虎灶，公用传呼电话……这一切被老照片瞬间激活，像放电影似地呈现眼前。从此，我以“城市影像的拾荒者”自勉，穿街走巷，拍照、采访，记录城市变迁，追寻散落的记忆碎片。十年间大部分业余时间，或读书（查史料）或写文或街拍（为文配图），饶有兴趣地做自由撰稿人，从博客、论坛、微博，到后来的公众号，前后发文数百篇。

20 世纪 80 年代始，经过数十年改革开放浪潮洗礼，上海变得更加包容开放，城市建筑、道路发生了巨大变化，在变迁与更新中不免有历史遗迹被破坏、城市记忆被忽略之遗憾。我所幸遇上这样一个大变迁时代，能用拍摄、采访（录音）等方式，成为记录城市记忆的参与者，为这座城市留点记忆尽绵薄之力。采访录音是第一手资料，是宝贵的，但不一定可靠，因为时间太久，被采访对象的记忆难免出现偏差，而记录者要把受访人话语中透露的点滴信息作为线索，再去查史料（包括老照片、老地图）进行核实比对，然后下笔成文并发布，分享同道。

近十年间，偶有文章发于报刊，但大多在自媒体上发文。此次选出数十篇旧作，再做修改并补充，辑成一书，忝列同济大学出版社之“上海城市记忆”丛书中，交付出版，深所幸感，并期待方家和同道斧正。

是为序。

李建华

己亥年冬月于沪上食砚斋

目 录

四、弄堂风情　092

五、逝鸿片羽　119

后记　195

一、影院话旧

命运多舛的上海大戏院

与上海文化广场仅一街之隔，有一家历史不算短的电影院。它虽然与上海这座城市同名，名气却远不如其他大戏院，其历史更鲜为人知。

图1 1943年2月3日银光大戏院开幕预告

开幕初期主演话剧

1941 年初，由法侨白伐特和苏侨赵福克合营的上海影院公司购得辣斐德路近亚尔培路口（今复兴中路 1186 号，近陕西南路口西北转角）地块兴建影戏院，后因资金不足，未能完工。次年，法商上海影院公司与天平洋行经理苏侨罗古文订约，由罗古文出资修建影院未完成的部分，加装发电机，取得影院 36% 股权，并租赁经营五年，该院初名银光大戏院。

1943 年 2 月 3 日，影院尚未完工，他们就已在《申报》（第 7 版）刊登广告："海上新银府新年开幕 鸠工筑造三年 姿态美奂美仑 第一流声光设备。"（图 1）不曾想到，罗古文订约后，因其投入的资金仍不够完工，影戏院不能如期开幕，只好续登"注意开幕日期"之广告。罗古文为弥补建造资金之缺口，私下与苏侨托哈齐订约，转让部分股权。托哈齐取得戏院 16% 股权，并留任经理。罗、托间的私约，为日后该院产权纷争埋下隐患。同年 3 月，影戏院终于完工（图 2）。

1943 年 7 月 9 日，影戏院正式营业，并更名为上海大戏院，首演由汪宗耀编剧、洪谟等联合导演、孙景路领衔主演的喜剧《女人》（图 3）。影戏院初期，罗古文将其转租与郑东葛（经理）、梁润根、季固周（副经理）等，由郑、梁、季等经营管理上海剧艺公司，专演艺华剧团的话剧。"艺华"主要演员有孙景路、上官云珠、蒋天流、吴

图2 1943年7月，法租界上海大戏院外观

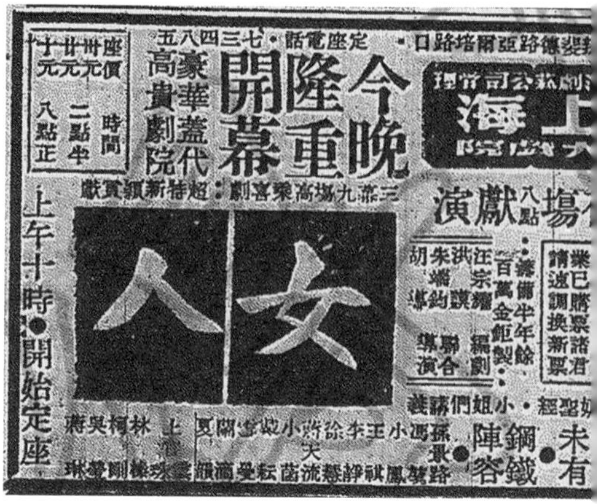

图3 1943年7月9日《申报》广告：上海大戏院今晚隆重开幕

洋等，演出剧目有《女人》《大鹏山》《多天宝鉴》等。同年10月9日，为庆祝“双十”佳节，隆重献演曹禺的话剧《原野》，由戴旭导演。《原野》演出后好评如潮，观众纷纷盛赞孙景路的演技，说她将泼辣、妖冶、热情、风流的金子给演绝了。戏院有时还加演歌舞，如开幕次月，特邀自南洋来沪的“夏威夷歌舞团”举行特别公演六天。该团拥有女艺员三十余人，精通各式舞蹈，表演节目共分四部：一、音乐滑稽短剧《荡妇趣史》，二、《海底王国》，三、各地歌舞，四、夏威夷乐团演出。

可惜好景不长。1944年2月24日，戏院演完话剧《陈白露》《正在想》后，因经营不善，无利可图，停演话剧，改映电影。

半年之后改映电影

1944年3月18日，上海大戏院经改装后重新营业，首映中华电影联合股份有限公司（简称“华影”）出品的由韩兰根、殷秀岑等主演的滑稽新片《步步高升》。由于梁润根与“华影”的主管人黄天始是连襟关系，排片享有特权。故自放映电影始，梁润根取代了经理郑东蜀，成为该院经营掌控人。1945年8月抗战胜利后，戏院股东黄天始等人因涉嫌汉奸罪，国民党中央宣传部上海电影事业整理委员会特派李公恪、张骏祥前去临时接管上海大戏院，由叶高为驻院经理，上海大戏院所有报表及支票均由叶签章。一个多月后，苏侨施楼（罗古文之婿。罗于 1944 年病故，遗产由施继承，为戏院股东之一）收回戏院自营，委派苏侨维诺格莱托夫任经理，但戏院业务、人事等管理大权，还是由粤商梁润根掌控。1946 年 11 月，不善经营戏院的施楼，见戏院入不敷出，又无力挽回颓势，无奈将其转租给梁润根经营。梁每月按营业额除娱乐捐外的百分之二十给付租金（施楼和托哈齐各得一半）。1947 年 11 月 15 日，该院由梁润根、季固周等组建的三泰游艺有限公司经营管理，由梁润根任经理，季固周任副理，张兆麟（原泰山大戏院经理）任协理。1949 年 5 月 27 日上海解放后，上海大戏院在《申报》刊登了最后一次影片广告，当天最后三场放映的是邬丽姝、顾也鲁主演的武侠巨片《女勇士》。

经理潜逃职工维持

由于要缴付巨额租金，平时营业稍有盈余，又被梁润根、季固周等人以薪金、车马费等名义瓜分殆尽，上海大戏院出现严重的入不敷出，日益衰落。梁润根见大势已去，无心经营。1950 年 1 月，他携带隔天票款收入，潜逃香港转至澳门，避居其胞弟处。该院由季固周、张兆麟两人出面维持。后因“二六”轰炸，上海大戏院的

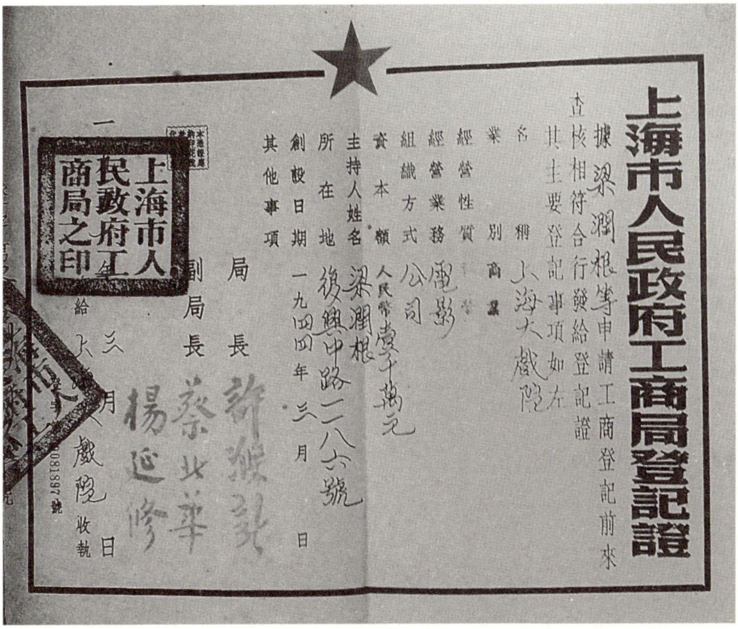

图4 1951年3月，上海大戏院工商登记证

营业更加低落，季固周无力支撑局面也潜往香港，张兆麟随之也不知去向。4 月 21 日起，由职工组织临时维持会维持戏院业务，放映员吴佳品任维持会主任，服务员刘东勋为副主任。全体职工共同努力，主动降薪，代还资方债款五千万元（旧币），戏院经济状况才逐步好转。

1951 年 1 月，梁润根见戏院经济好转，回沪探究虚实（图 4）。同年 4 月，梁以接家眷来沪为由请假返回澳门之后，便再也没有回到上海。同年 9 月，就上海大戏院产权人之间的长年诉讼纠纷，由最高人民法院华东分院作出判决并执行，该戏院产权归法商上海影院公司所有，由公司代表英侨白兰代为接管经营，梁润根的租赁关系宣告终止。但法商白伐特等在未追回施楼等所收租金前，暂不接受戏院业务。因而，上海大戏院的业务仍由职工维持会维持，正副代表分别为吴佳品及会计徐慎福。

抢修影院收归国有

1956 年 1 月 18 日上午，市房管局召集上海大戏院维持小组代表徐慎福及市文化局电影管理处蒋柯夫科长，宣布该戏院已属危房（墙身开裂，如不及时修建，有倾塌之危险），因无人管理，即日起委托市文化局代管两年，逾期收为公有。同日下午，市文化局派蒋柯夫、李秀萍二人到院接管，由李常驻该院，为行政负责人。影院更名为上海电影院。

2015 年年底，笔者在徐汇某养老院拜访了李秀萍老人。李老虽已九三高龄，但记忆力甚好。提起接管上海大戏院这段往事，李老仍记忆犹新。她说："接管时，我跟文化局蒋柯夫科长一起去的。他说：'李秀萍，侬今朝跟我一道去上海大戏院。'我就跟着蒋科长去了，科长代表文化局宣布接管大戏院。他离开后，由我留下主持工作。当时我 30 岁刚出头，毫无心理准备，更没有管理戏院的经验，只晓得服从组织安排，就这样留下来了。我做了两年，又调走了。1965 年，我又回到上海电影院。"

1957 年 3 月 6 日，徐汇区人委文化科正式任命李秀萍为上海电影院副经理。

图5 20世纪90年代，上海电影院外景

李秀萍接管时，摆在她面前的电影院是一座危房，只得临时关闭。该院17位职工在她的带领下，参与抢修房子。当时电影院还是私营的，但账上没钱，私方经理不顾不问，也不愿承担修房工程资金。为了使上海电影院早日复映，市文化局拨专款，派工程队修房。李经理当时刚生小孩不久，还在哺乳期，但她无暇顾及孩子，全身心投入抢修工程，还带头爬到三楼拆瓦片。在大家齐心协力之下，半年不到影院就被修好了。

1958年2月，按照市房管局代管公告，上海电影院收回国有。之后，上海电影院隶属于徐汇区文化局。当时正处“大跃进”年代，电影院职工白天放电影，晚上炼钢铁；有的职工还去捞猪草养猪，脚浸在河浜里，后来得了血吸虫病，肾脏坏了，人也走了。李老讲到此连声叹息：“不可思议，为啥要这样蛮干？”

大势已去由盛转衰

上海电影院地理位置独特，文化氛围颇浓，交通便捷，商店成片。它虽是二轮影院，但来看电影的观众还是络绎不绝，时常客满。1973年，影院改装了宽银幕，并新建了冷气机房。1990年6月，为了跟上现代影院的步伐，改装了四声道音响系统，还换装了756只航空式高靠背沙发软席座椅，使影院焕然一新（图5）。20世纪90年代中后期，卡拉OK和VCD风靡娱乐市场，且很快成为年轻人喜欢的娱乐活动。当时，上海电影院为弥补逐年下降的票房，实行多种经营，建起了咖啡厅、录像室及电子游艺室，以满足观众多层次娱乐需求。2010年之后，影院与区文化局脱钩，物业与人事均归属街道。2011年1月，上海开展“规范建筑市场和清理消防隐患检查”。上海电影院因年久失修存在消防安全隐患，遵照市消防局下发的整改通知书，停业整顿，随后关闭多年。直到2017年3月，改建后的上海电影院，复名“上海大戏院”，专演话剧，开幕大戏为《原野》。

百星：小马路上的大戏院

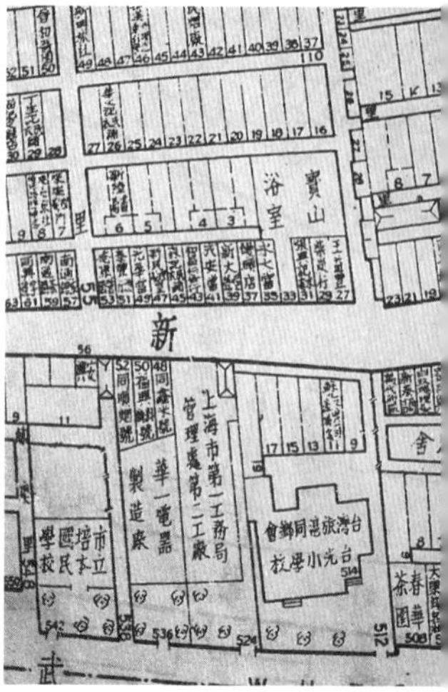

图1 百星大戏院位置，1947年版《上海市行号路图录》

在虹口与闸北交界的地方有一条小马路，叫罗浮路。在罗浮路、东新民路丁字路口矗立了一幢六层钢筋混凝土结构大楼，过去曾是有名的百星（Pantheon）大戏院，地址是福生路 27 号（今罗浮路）（图 1）。

百星大戏院由俭德储蓄会（中央俭德会，馥记营造厂承建）的演讲厅改建。此前这里曾建立过昆曲团，后经三阳公司改建为影戏院，占地面积 1110 平方米，建筑面积 6610 平方米，坐东朝西，大楼略呈新古典主义风格①（图 2）。西立面入口两侧顶端方座为平拱门头，有小装饰。南立面两层置巨型弧拱窗，三、四层为平拱窗，其中三层出挑外阳台，有一对牛腿支撑，几何形铸铁栏护。1926 年 10 月 9 日对外正式启幕，首映法国宫闱巨片《风流皇子》（图 3）。

首映有声片 轰动上海滩

上海早期影院一般都经历了从无声到蜡盘（即唱片）配音，再到片上发音的过程。沪上片上发音的有声电影，始映于百星大戏院。

1926 年 12 月，百星大戏院从美国引入特福莱（De Forest）《司密克三弦琴独奏》《美总统柯立芝在白宫的演说》《包婉儿女士球舞》等 17 部短片（图 4），16 日先在新中央大戏院（原维多利亚影戏院）试映，18 日至 23 日在百星大戏院正式公映，这是片上发音的有声电影在中国首次放映，一时轰动沪上。

图2 1926年，福生路27号（今罗浮路），百星大戏院门景

为吸引观众，影院不仅在报纸上大肆宣传，并以“金奖壹仟元悬赏捉假”为号召，还把放映机、影片、扩音器材陈列出来，让观众参观，有放映技师在旁解释片上发音的原理。每天下午3时、5时半、9时15分放映三场，票价白天8角到1元2角，晚上1元到1元6角。按当时物价计，这票价也是相当昂贵的，但因是独家放映，且为沪

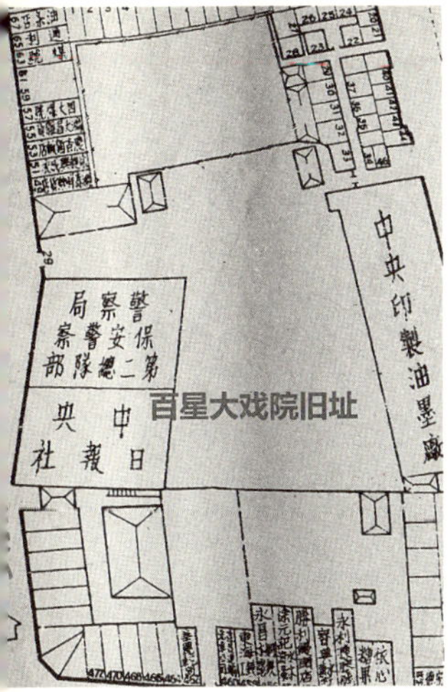

上首次有声片公映，观众仍络绎不绝。

当年，海上文化名人也是百星大戏院的常客。如郁达夫曾在1927年2月7日的日记中写道："走进了宝山路，就折入一条狭巷，寻到百星大戏院Pantheon theatre去看电影。影片名Helen of Troy，是德国人导演的。"②住在虹口且喜爱看电影的鲁迅也常去"百星"，他曾在日记中写道："1929年7月25日晴，热……夜同柔石、真吾、方仁及广平往百星大戏院看卓别林主演《嘉尔曼》电影，在北冰洋冰店饮刨冰而归。"③

上演歌舞剧 欲求一票难

20世纪20年代至30年代，影戏院大多电影、戏剧、歌舞兼营，百星大戏院也不例外。1927年，百星大戏院由明月公司接办，重新开幕，戏院边放电影，边邀中华歌舞专修学校来演出。

图3 1926年10月9日，百星大戏院启幕，首映法国宫闱巨片《风流皇子》（《申报》开幕广告）

1927年7月1日至4日，由黎锦晖创办的中华歌舞专修学校假座百星大戏院首次进行公演，一鸣惊人，轰动全市。同月23日至26日又加演4场，27日至28日再续演两天，可谓一票难求。首演节目中有《可怜的秋香》《因为你》《总理纪念歌》《抵抗》《三蝴蝶》《月明之夜》《葡萄仙子》《麻雀与小孩》《最后的胜利》等儿童歌舞曲、剧，还有开中国流行歌曲之先的《毛毛雨》《落花流水》《人面桃花》《妹妹我爱你》等歌曲。此次公演广受舆论界好评。继而，京沪等地剧院纷纷发出邀演函，所到之处，颇受欢迎。之后中华歌舞专修学校又应邀赴南洋各地巡演近一年。

百星大戏院还邀请黎明晖领衔的中华歌舞团演出由黎锦晖编剧、黎明晖导演的最新歌舞剧《青春的快乐》《七姐妹游花园》《新婚之夜》《神仙妹妹》等，吸引了不少市民前来观看。

为扩展业务，院方又将俭德会六楼屋面精心布置为沪北首家屋顶花园影戏场④，于1928年7月8日正式开幕。

首映苏联片 天天做广告

20世纪20年代末，百星大戏院的放映和演出业务由鼎盛急转衰落。1929 年 8 月明月公司经营戏院期满，由信成公司订约承租，于同年 9 月 7 日正式开幕。院主为扭转戏院颓势，推行多项改革措施，如票价一律 4 角，晚上报告翌日新闻，设书报阅览室、借伞处、临时诊所和留言牌等。但收效不大。1930 年 7 月戏院再次易主，由合益公司接办⑤，9 月邀请魔术大师张慧冲演出大型魔术。

图4 1926年12月18日，百星大戏院放映特福莱有声电影时《申报》刊登的广告

1931 年 4 月 4 日至 11 日，戏院上映普多夫金导演的《成吉思汗的后代》，这是自国民党政府破坏中苏关系以后，在中国公开放映的第一部苏联影片。

百星大戏院为放映此片做足了广告宣传：首先，放映前就在《申报》上预告；其次，放映当天在《申报》用整版篇幅刊登巨幅广告；最后，在放映期间每天做广告不间断。当时由于受到租界当局的阻挠，影片只得在地处华界的“百星”与观众见面。而“百星”虽处华界，却毗邻公共租界，故放映此片后反响甚大。应观众要求，戏院于同月 26 日、27 日加映两天，先后放映 10 天，共 32 场，观众超过 3 万人次。“百星”的经营也有了起色。

但好景不长，1931 年 9 月起，戏院又一次进行内部停业改组，并易名为明珠大戏院，于 11 月 1 日正式开幕，除继续放映电影外，一度成为粤剧演出的重要场地之一，尚勉强维持营业。1936 年 7 月 1 日，明珠大戏院改组更名为海珠大戏院，开幕时举行“中西音乐名家大会串”，但经营状况一路下滑。⑥

1937年，“八一三”淞沪抗战爆发后，戏院被日军占领而歇业。从此，百星大戏院在上海滩销声匿迹。抗战胜利后，戏院大楼由国民党《中央日报》社接收，改作社址。1950年7月新华金笔厂迁此（图5）。2003年12月16日，虹口区人民政府公布百星大戏院旧址为虹口区登记不可移动文物。⑦

图5 20世纪80年代，百星大戏院旧址，永生（原新华）金笔厂大楼

①：《申报》（1926年7月16日，24版）报道《俭德会新会所中之影戏院》

②：郁达夫“穷冬日记”（《郁达夫文集》花城、三联书店香港分店联合出版1984年1月版，第九卷，第67－68页）

③：鲁迅“日记十八”（《鲁迅日记》人民文学出版社1976年7月版，下卷，第652页）

④：《申报》（1928年7月16日，本埠增刊三）报道《百星屋顶花园之发达》

⑤：《申报》（1930年7月4日，第二张六）广告《合益公司为百星大戏院启事》

⑥：《虹口文化志》（上海书店出版社1997年11月版，第三章第28页）

⑦：《上海名建筑志》（上海社会科学院出版社2005年12月版，附录第六节上海市第一批登记不可移动文物一览表（2）

华人独资创办的巴黎大戏院

图1 东华大戏院创办人丁润庠像.[《道路月刊》 1928年(第22卷 第3期,7页)]

获得福克斯影片在沪独家放映权

东华大戏院业主丁润庠是沪上巨商丁子乾三子,于民国元年毕业于法国天主教学堂圣方济学院(St. Francis Xaviers College),他学贯中西,精通英、法语,余暇研习法国文学,富有美术修养,于建筑设计更有独到见地。每当独步于霞飞路时,他总在思索:富有浪漫气息的霞飞路应有一座与之相配的娱乐城(图1)。1924年,他考察了当时沪上公共游乐场所后,发现影戏院多为外商设立,鲜见华商参与投资,遂抓住商机,投以巨资,在自家六年前建造的霞飞巷(今淮海中路550号),创建大戏院跳舞场,初名东华大戏院(Palais Oriental)。①丁润庠亲手绘制戏院建筑图样,再由法国名建筑师几经修改后定稿,由杨瑞记营造厂的大建筑家刘银生承造,历时三年竣工。②东华大戏院电影部聘北京大戏院创办人何挺然为部长及选片主任,并先行于1926年5月29日开幕(图2)。开幕典礼上,来宾从总领事、商界巨子,到报界记者等,不下数千人。院主丁润庠用英、法两国语言致欢迎辞,与来宾合影后即映法片《法宫秘史》,可谓盛极一时。

东华大戏院集娱乐与餐饮于一处,前部设有舞厅,中部乃放映厅,楼下附设大餐厅、酒吧、咖啡厅。游人来此,可看电影,可下舞池,舒适惬意。同年6月19日起,东华大戏院露天影院开业,首映福克斯公司爱情片《牛郎织女》,观众于夏季夜间可在露天观影。

20世纪二三十年代,欧美各国影业当推美国为最盛,而美国各影片公司中尤以福克斯公司出品最优。东华大戏院开业之前,福克斯公司影片仅供上海大戏院上演。自1925年福克斯公司在沪设立分行以来,远东总大班福亚门君及沪行总理乐世君,因见东华大戏院

图2 1926年5月29日,东华大戏院开幕《申报》广告

内外设备精美，故向总公司推荐将影片在沪独家经演权移归东华大戏院，得到总公司允准。除福克斯名片外，东华大戏院又向孔雀电影公司定购美国第一国家影片公司出品的名片多部，陆续映演。有了美国福克斯等大公司支持，东华大戏院开局颇为顺利。

戏院开设半年后，丁润庠因体弱多病而告退，自 1927 年 1 月 1 日始，将电影院部分租与业内资本雄厚的孔雀电影公司，由朱锡年经营，遂更名为孔雀东华戏院（PEACOCK ORIENT），首映美国第一国家影片公司出品的《爱莲女士》。东华大戏院受葡萄牙籍犹太人郝思倍的孔雀电影公司管辖后，影院放映什么影片也就受制于孔雀公司。这些外商公司之所以能操控上海各家电影院，除了采用资本控制外，更由于他们掌握了外片的放映分配权，电影院不得不被他们牵着鼻子走。此时影院虽已有国产片可放，但观众口味还是偏

图3 1930年，霞飞路巴黎大戏院开张旧影

（申報本埠增刊） 星期日
中華民國十九年一月五日

巴黎大戲院今日開幕

▲本院爲上海專映最新最佳無聲電影之戲院
▲凡卡爾登戲院所選定之最佳無聲電影俱歸本院首先開演
▲欲觀賞上海重未演過之最佳無聲電影者請到本院來
▲院址（霞飛路前東華戲院原址）在華龍路之西金神父路之東
▣演片時並請前卡爾登全班樂隊奏樂

今日開幕之第一名著之傑作
俄國大文豪托爾斯泰名著
（肉體與情魔主角）
約翰吉爾勃 格萊特嘉寶 聯合主演
世界唯一哀艷巨片
愛

凡看過卡爾登首先開演肉體與情魔一劇者無不知約翰吉爾勃與格萊特嘉寶對於愛之描寫俱能盡其風流香艷之能事足使觀衆受肉體上之感動「愛」之一劇即爲兩大明星繼肉體與情魔以後合演之戲不但風流香艷更過於前在悲哀方面更有「有藝術有文學價值之表演」

介紹托
誰都知道托爾斯泰是俄國的大文豪他的作品不但具有文藝價值且處處富有動人情感人生之描寫托爾斯泰作品之演爲電影者令觀衆始終不忘永遠記憶者有「復活」一劇現在本院特以巨價

本院五
本院所演無聲電影俱爲卡爾登戲院所選定之最佳巨片在上海從未演過特色一
本院座位俱係最新式最舒適之皮面背椅特色二

图4 1930年1月5日，巴黎大戏院开幕《申报》广告

向西片，无法与之抗衡。

率先引进RCA新机改映有声电影

1930年1月5日，丁润庠重出江湖，收回戏院，将戏院改名为“巴黎大戏院”（图3）。戏院地处法租界商业中心，在20世纪30年代，这里华洋杂处，散发着浓厚的异国情调。除了少数欧美人之外，还有大量的白俄、吉卜赛人、犹太人，连管理治安交通的都用安南巡捕（今越南人）。所以，丁润庠为戏院起个洋名“巴黎大戏院”，是对所处环境考量后而定的。而外界望“名”生义，误认为戏院是外商投资的。大戏院重新开张后，首映由约翰·吉尔勃、格莱特·嘉宝联袂主演，根据俄国大文豪托尔斯泰名著《安娜·卡列尼娜》改编的巨片《爱》（图4）。这时期所映之片，皆来源于卡尔登影戏院开映有声片前，所预订还来不及上映的诸大公司的名片。戏院以低廉票价，并加华文字幕，还特聘前卡尔登影戏院全班乐队奏乐，吸引观众前来观影，每次均于开映前半小时即告满座，霞飞路上车水马龙，早年盛况再现。

1930年3月1日上午，丁润庠在戏院三楼住处，与法租界会审公廨检察处前来送达堂谕的俄国人开屈米劳夫发生口角，被殴打致伤，其眼珠受伤尤重。丁润庠旧病未愈又添新伤，从此无力经营戏院。次年，无奈将苦心经营的巴黎大戏院转手吴县人韩宾怡，从此告别影院业。

当大戏院易名“巴黎”时，适逢默片与有声片交替之际。巴黎大戏院素以专映头等无声巨片闻名于沪上，但因无声作品来源稀少，佳品采购不易，该院为顺应社会潮流起见，特不惜巨资装设最新式RCA有声机。这种新机发音清晰准确，为当时美国头等戏院争相采用，而上海采用的仅“巴黎”一家。该院于1931年6月20日起，改映有声电影。但改映有声片后，该院仍不断接到要求重映无声电影的函件，足证无声片确有存在的价值。该院同仁一再讨论，决定

每月选映上海从未映过的无声巨片两部，以满足观众之需求。

引进苏联歌舞片和米老鼠动画片

巴黎大戏院向以播映苏联电影闻名。1930 年以后，凡苏联来华的电影，其巨片均由该院首映。原先放映的都是故事片或纪录片，自 1935 年起，该院开始插映苏联歌舞片，清新之风一扫好莱坞歌舞片独占沪上银幕之局面。苏联片票价较低，观众大多来自青年知识分子。1947 年，巴黎大戏院举行过中苏文化协会主办的苏联电影周，曾放映过高尔基的三部曲《童年》《人间》《我的大学》以及《列宁传》等苏联片子。之后，“巴黎”尽可能做到每月至少放映一部苏联新片。可以肯定，戏院在苏联社会主义思想传播方面起了一些作用。但困难也不少。正式放映之前必须先自己看过，审核一下片中有没有会惹麻烦的内容；还要经审查机关检查，不经他们通过就不得放映。有一部苏片原名《红军血战记》，就因“红”字有宣传赤化之嫌而通不过。经过走门路疏通关系，再把“红”字改成“苏”字，才勉强批准放映。

为庆祝儿童年③并优待观众子女，巴黎大戏院于 1935 年 5 月 11 日特选映当年新制作的米老鼠动画片，共有十大卷，精彩异常，楼下儿童票仅售 2 角，并随票附赠米老鼠照片一帧（此照由宁波路雪怀照相馆摄制）。当日观众爆棚，一票难求，开映时全场儿童欢声如雷。次日恰逢星期天，影院于上午 10 时半特加映一场，让周日休假的儿童、学生亦可一饱眼福。

扬长避短与“大光明”“国泰”争夺观众

1936 年 8 月起，巴黎大戏院调整合作对象，继退出亚洲集团后，开始与美国各大影片公司签订长期合同，如米高梅、派拉蒙、华纳、环球、二十世纪福克斯、哥伦比亚公司，这些影片公司的影片在“大光明”“国泰”等首轮影院上映后，“巴黎”排为第二或第三轮上映。

据淮海电影院郭守基经理回忆（图 5），同美国八大影片公司打交道也不容易。他们的合作条件非常苛刻。先是签约，片子届时不到，

图5 1934年，郭守基与韩宾怡之女订婚照，《图画晨报》1934年（第111期，4页）

他们可以不管影院死活，到片后却要签约影院立刻停映其他公司片子而放映他们的。放映的期限一般规定五至七天，如果片子不卖座，不能中途停映；卖座的，却不能继续。这些规定影院必须无条件照办，否则就停止供片。一家不供应，其他几家公司也跟着停供，因为八大公司在上海有个“影片协会”，一致对外。影片公司与影院之间采取拆账制，一般是对折，即在票价收入中扣除应缴的30%娱乐税以后双方平分。

这就产生了一个竞争问题，也就是在同一轮同样票价的情况下，像“巴黎”这样条件略差的影院如何同大光明、国泰等一流戏院争夺观众。看电影的人出了同样的票价，当然不愿舍“大光明”而就“巴黎”。但“巴黎”不愿坐以待毙，故扬长避短，在细节上狠下功夫。戏院楼下分成前后二部，前部为藤椅座，后部则为真皮弹簧椅，同场不同价，后部座价恢复二等制（3角），前部座位则减为2角。这样，以廉价优势争取更多观众，将戏院经营维持下去。

为“苦干剧团”优秀剧目提供演出舞台

1941年年末，太平洋战争爆发，日军进驻租界，美国片禁映。按理戏院可以转映国产片。但这时日本人通过张善琨成立“中华电影联合制片股份有限公司”（中联），控制了沦陷区全部制片厂的片源。凡不愿受其管辖的影院均无片源，迫使影院就范听任日本人支配，为“大东亚共荣圈”进行政治宣传。而巴黎大戏院郭老板颇有气节，不演电影，转与黄佐临的苦干剧团合作改演话剧。1943年10月至1944年3月期间，《申报》社为贫穷学生设立助学金④，特约苦干剧团为助学金募捐，假座“巴黎”义演6个月，演出《飘》《梁上君子》《双喜临门》《机器人》等进步话剧。其中《梁上君子》一剧为“苦干”名作，曾轰动一时。“苦干”集中了张伐、石挥等一流演员，旗下还有柯灵、李健吾等进步剧作家。“巴黎”为苦干剧团的《夜店》《原野》等优秀剧目提供了演出舞台，锻炼并培育了许多日后成为影剧骨干的演员。苦干剧团的演出，在当时乌烟瘴气的影剧界吹进了一股清新的空气，为上海市民提供了接触进步思想的观赏场所。

抗战胜利后，巴黎大戏院顺应形势，争取放映好莱坞八大公司的影片。为了分到放映权，“巴黎”也加入亚洲影业公司，与金门、光陆、丽都等一起成为旗下二轮成员。但八大公司供片条件很苛刻，规定放映期限，在此期限内不管有没有生意只能放映下去，在期限截止前拿不到新片子。为了争取在亚洲公司控制下有一点活动的余地，就要求每个月中有三分之一的时间可以自行另找片源。选择对象是小公司的美国片、国产片和苏联片，而主打苏联片。

新中国成立后率先倡议拒映美国影片

1950 年 5 月，霞飞路（抗战胜利后曾改名为林森中路）正式命名为淮海中路。同年 11 月 10 日，巴黎电影院职工为抗议美国侵略朝鲜，在全市率先提出“拒映美片”的倡议。1951 年 12 月 25 日，巴黎电影院改名为淮海电影院。1954 年，淮海电影院成为首批公私合营的影院。为了更好地为观众服务，影院着手陆续修理放映设备。1955 年 6 月上旬，改建门面，扩建串堂，并设立观众服务处。影院隔壁的老野荸荠食品店为夜场观众开方便之门，于下午第四场电影放映十分钟（晚 9 时）后才打烊关门。

“文革”中，淮海电影院一度改名为“反修电影院”，专演样板戏。20 世纪 80 年代初期，淮海电影院观众厅分楼上楼下，共有沙发座椅

图6 1980年代，淮海中路550号淮海电影院

图7 1994年末，淮海中路550号，时代广场（淮海电影院入驻三楼）落成

1005个，还新建了230平方米地下室，辟为咖啡音乐茶室，沿用影院旧名，即巴黎咖啡厅（图6）。影院开设咖啡厅，名气响了，经济效益也有了，但格调不高。出入咖啡厅的大多是洽谈生意或谈恋爱的情侣，厅内终日烟雾缭绕。影院想改变现状，但一时没找到方向。后来，“北河盟”摄影团体为寻觅合适的作品展出场地，来影院洽谈。双方一拍即合，咖啡厅遂转身变为艺术沙龙。自1986年9月起，巴黎咖啡厅艺术沙龙为全国各地青年艺术爱好者提供摄影、时装、绘画、书法等艺术交流和展出场地，成为上海市第一家咖啡艺术沙龙。吾友孔兄繁文，也曾在此举办个人书法展，刘晓晴、牛振生等书家出席了书展。

1994年年底，与美国国际食品有限公司合作改建的“时代广场”落成，影院入驻三楼，更名为时代淮海电影院，有观众座位400个（图7）。为纪念梅兰芳、周信芳诞辰100周年，该影院开幕即举办梅兰芳、周信芳艺术电影周，放映梅兰芳的《游园惊梦》《洛神》和周信芳的《宋士杰》《乌龙院》《徐策跑城》等。这些影片已经多年不见于银幕，这次上映让广大京剧爱好者和青年观众大饱眼福。

1997年3月，时代淮海电影院通过四星级影院的验收，成为继大光明电影院、永乐宫影院后全市第三家四星级影院，验收后初期曾创下了单座票房的全国之最。然2003年8月起停映歇业至今，且前途未卜。巴黎大戏院70多年的历程可能就此终结。

①:《申报》（1926年5月26日，本埠增刊二）报道《东华大戏院定期开幕》
②:《申报》（1926年2月18日，第一版）广告《纯粹华商独资创办东华大戏院跳舞场开幕预布》
③:1931年3月7日，中华慈幼协会“建议将每年的4月4日确立为儿童节”的提案由上海市政府转呈国民政府，获得批准。国民政府还规定从1935年4月4日起至1936年4月3日止为全国儿童年
④:《申报》（1944年1月20日，第4版）报道《本报发行助学荣誉券》

杜美大戏院的黄金时代

孤岛娱乐舒适之宫

1899年法租界第二次扩界，1902年越界修筑了一条长474米的小路，由当时法属越南总督杜美（Doumer）而得名杜美路（Route Doumer，今东湖路）。1908年，杜美路9号建有一座医院及药材仓库，后改建成溜冰场和夜公园。20世纪20年代，这里成为犹太人加登（S. Gatton）的花园住宅。许步曾先生在《爱因斯坦1922年访沪与相对论在上海的传播》一文中写道："1923年元旦，再次来沪的爱因斯坦在工部局礼堂作了有关相对论的讲演。同日下午，他还出席了上海犹太宗教公会的招待会……上海犹太宗教公会的招待会由犹太人加登（S.Gatton）夫妇为东道主，在杜美路9号他们宏伟的住宅举行。上海犹太人社区的名流大都出席了招待会。"①

1939年，加登夫妇私宅易手，由德籍犹太人K. 冈勃和H. 科恩盘下并改建成影院，起名"杜美大戏院"，占地2913.35平方米，建筑面积2900平方米。同年6月4日影院开幕，首映美国派拉蒙巨片《欲望》。影院地处法租界，相对"国泰""巴黎"来说，"杜美"闹中取静，隔壁的格罗希路（Route de Grouchy，今延庆路4弄、18弄）弄堂里厢当年住着不少白俄侨民，故影院的观众除少数洋行买办、银行高级职员等华人外，大多是白俄侨民。俄国十月革命胜利后，大批白俄贵族被迫离乡来到中国寻找生机，他们在上海觅得生存空间，并在自家人开的影院娱乐消遣，过上了舒适滋润的日子。故而当年有人戏称杜美大戏院为"白俄侨民俱乐部"。杜美大戏院在开业广告写道："开沪上电影经济之路，为孤岛娱乐舒适之宫。以二轮票价看第一流名片，凡属新片本院第一家放映。"影院低调开幕，走的却是小众高端路线。杜美大戏院早期（1939—1941年）以放映

①：许步曾《爱因斯坦1922年访沪与相对论在上海的传播》（《寻访犹太人：犹太文化精英在上海》，上海社科院出版社2007年5月版，第20-21页）

图1 徐汇东湖电影院元老金国良（中），原电影院经理张利人（左）与笔者合影

美国八大电影公司和英国鹰狮影片公司的影片为主，不放映国产片。

战后放映美国影片

经原东湖电影院经理张利人先生介绍，笔者采访了原“杜美”老职工金国良先生。金国良于1944年7月经人介绍进入杜美大戏院，直到1994年离开东湖电影院，与这座影院结缘长达半个世纪。年逾八旬的金老先生，精神矍铄，记忆清晰，说起“杜美”往事滔滔不绝，一连串老上海的电影公司和影片名，将笔者带进了“杜美”的黄金时代（图1）。

1944年，13岁的金国良进入杜美大戏院工作（图2）。那时正处汪伪统治时期，只在下午放映三场电影，即下午2点半、5点1刻、8点半。“杜美”不加入“华影”，特立独行，以放映苏联影片（原版片）为主，其中有不少苏联革命影片，如《夏伯阳》《农夫》等，在当时左翼文艺圈内影响很大，上海交大一些师生将“杜美”作为接受进步思想场所，时常赶来观摩革命影片，还在影院内散发传单。

1945年8月15日，日本宣布无条件投降，“杜美”立马插上苏联国旗，以示庆贺。抗战胜利后，“杜美”又恢复放映美国影片。当时，“杜美”没有译意风，放原版片就打灯片，显示中文字给观众看。

图2 1947年夏天金国良摄于杜美大戏院花园内，背景为影院大门口

金国良在“杜美”从拉门“小郎”（boy）做起，到了十六七岁开始跑外勤，去影片公司拿片子。他经常去虎丘路光陆大楼（华纳兄弟、派拉蒙、20世纪福克斯影片公司设在楼内）或河南路桥堍河滨大楼（米高梅、哥伦比亚、联美、环球等公司设在楼内）取片。专职跑片（送片）是后来的事，早期都是影院派员去影片公司取片的。放映前，影院老板与影片公司签合约，按票房分成。

1948年之后，影院开始施行跑片。金国良记得当年放电影《出水芙蓉》（米高梅）时，“杜美”跟静安寺路上的“大华”（新华电影院前身）之间跑片。但也不是每部影片都跑片，只有拷贝紧张的影片，为满足观众先睹为快而与其他影院跑片。

金国良回忆道，过去“杜美”极少有早场电影，每天放一部电影，即便有早场，也是动画片。新中国成立后才开始做早场电影。一般一天做三场，下午 2 点半开始，做到晚上 8 点左右。那时他每天午饭后从南市大兴街家里出门，先走到八仙桥，乘法商 1 路有轨电车（1908 年开通，1948 年后改 6 路，十六铺至福开森路，今 26 路无轨电车）到霞飞路华龙路站下车，随后走到杜美路上班。

“每天上班蛮开心，像在屋里厢一样”，讲起“杜美”，金国良美滋滋的，至今仍留恋那段黄金岁月。过去，电影院内很少有衣帽间，杜美大戏院专辟一小房间做衣帽间，方便观众寄放衣物。“杜美”老板待人接物相当人性化，对员工也很客气，进出遇上都会打招呼，像自家人一样。老板给员工的薪酬也不低，一个月发 2 次工资，每月工资法币 90 多元，高的时候 106 元，当时一两黄金也不过 90 元出头点；通常一天只做三场电影，有时加场，老板每场加发 5 角钱报酬，霞飞路上吃一客罗宋大菜不过 1 块钱。遇上夏日高温天（那时 33 摄氏度就算高温了），老板还会以一杯冰啤、一小碟沙拉、一块牛排犒劳员工。“碰到搿种老板，侬还会偷懒哦！”

图3 1981年夏原杜美大戏院老板冈勃（中）回上海东湖电影院与老职工合影，左起沈立甫、黄伯华、冈勃、陈家森、金国良

讲起老板来，金国良充满了感恩之情。当时“杜美”的中国员工有十几个人，还有6个白俄小女孩做领票（领位员，帮助客人找到座位），中国人做售票、检票、放映、清洁等。“杜美”老板冈勃很念旧，1948年离开上海后，于1981年再次来到上海，通过中旅社找到原“杜美”老职工（图3），并在下榻的宾馆宴请大家。后来老板过世了，老板娘也来过一次，与“杜美”老职工叙旧，临走还送每位红包300美元，聊表心意。讲到这里，金老稍稍有点激动：“与老板、老板娘合影照片，我还珍藏在家。”（图4）金国良以前一直收集电影说明书以及海报，到了“文革”时生怕抄家，无奈将自己辛辛苦苦收集的影片说明书和海报统统毁掉了。真是可惜！

图4 1980年代后期原杜美大戏院老板娘回上海与金国良先生攀谈合影

1948年，犹太人冈勃将“杜美”作价转手白俄奥大力克（顺昌路90号亚蒙大戏院，后来改名为“大同”，也是他开的）经营，后来又由白俄皮尔泼（又译皮白尔）接盘经营，直至1953年。

国内首创立体电影

1953年，杜美大戏院外籍老板离开上海，影院由职工维持了将近一年，1954年7月1日，由市文化局接管，并改名为东湖电影院，仍为专业电影院（图5）。1960年，经市电影公司批准进行大修，改建放映室，设置立体电影银幕。同年3月4日，东湖电影院成为全国第一家立体电影院。改建之初，影院因没有可供放映的立体故事片，上海电影系统就开始科研攻关，先试制了几部彩色纪录片《青春的旋律》《欢乐的童年》《黄浦江畔》《漓江山水》，供“东湖”首映，引起了轰动。

图5 上海市地方国营东湖电影院胸徽

金国良记得，当年为了顺利放映立体宽银幕电影，市电影局分管副局长蔡贲等在东湖电影院蹲点指挥，一批专家到场，换银幕、配立体眼镜，大家忙得不亦乐乎。当时放映设备不是进口的，是上海电影技术厂、上海电影机械厂研发自制的。宽银幕用的变形镜头玻璃，也是上海工业玻璃六厂攻关搞出来的。天马厂摄影师查祥康担任《魔术师的奇遇》摄影，在放映这部立体故事片之前，也来到东湖电影院与研发变形镜头的师傅一起攻关。

1962年7月1日，上海天马电影制片厂摄制的中国第一部彩色宽银幕立体故事片《魔术师的奇遇》在东湖电影院隆重献映。影片由著名导演桑弧执导，著名喜剧演员陈强、韩非、孙景路领衔主演。影片讲述了魔术师陆幻奇新中国成立前后在上海不同的生活经历，中国影坛的三大喜剧明星的精彩表演令人叫绝，而立体电影的技术将喜剧效果渲染得淋漓尽致。

图6 1980年代，金国良在东湖电影院放映室工作

影片上映后，场场爆满，一票难求。上海市民闻讯纷纷涌向“东湖”，挤满了原本人迹稀少幽静安宁的东湖路，出现了观众通宵排队购票的火爆场面，从淮海路口排到另一头四岔路口（新乐路、延庆路、长乐路、富民路），天天人山人海。其盛况绝不亚于2010年年初3D大片《阿凡达》。

看过《魔术师的奇遇》的老上海观众晓得，一场电影近一个小时，却要分两次放映，中间需换片，因为当时东湖立体电影院只有一台立体放映机，而拷贝盘容量有限，只好分两盘放映，于是中场稍作休息，换片后继续放映后半段(图6)。这部影片连续放映了4年，为中国连续放映时间最长的影片（这一纪录后被1980年上映的《庐山恋》打破），直到“文革”爆发才停映。

1962年东湖电影院还举办过法国电影周，放映《塔曼果》，陈云、邓颖超、柯庆施、曹荻秋等领导曾前来观看。

1966年“文革”开始后，8月里的一天，一帮红卫兵来到东湖电影院，二话不说，用纸将院名中的“湖”字贴掉，写上“风”字，影院易名为东风电影院，直至1972年1月12日恢复原名“东湖”。遗憾的是当时没用相机拍下这一幕。“文革”期间，上海影院以放映八个样板戏为主，“东湖”也不例外。

图7 1980年代，徐汇东湖路9号，东湖电影院

“文革”过后，文化娱乐领域逐渐复苏，大众喜闻乐见的电影重新走进百姓生活。1979年2月，中影公司引进了美国立体故事片《枪手哈特》，在影院放映时再度轰动上海。1982年，“东湖”放映了我国改革开放后新拍摄的立体故事片《欢欢笑笑》《快乐的动物园》《靓女阿萍》《侠女十三妹》，申城重现观众通宵排队购票的火爆场面，新闻媒体还为此进行了报道。1987年，“东湖”改造院外绿化工程，

增立《洗女嬉水》塑像（图7）。1988年3月至5月，又投资19万元，装潢门面、喷泉、座椅等（图8）。

无奈退出历史舞台

1992年，东湖电影院经过立体声改造，成为上海第一批三星级电影院，但终因当时立体电影的技术限制、摄制成本、缺少合适的剧本等诸多因素，影院营业大不如前。20世纪90年代以后，卡拉OK和VCD风靡起来，电影已失去了往日独霸娱乐市场的魅力。

图8 徐汇东湖路，东湖电影院

面临困局，影院何去何从？

1994年5月，东湖电影院试行转制，影院“以房养文、自收自支”，遂与日本藤田公司合作成立上海东湖富吉达商务公司，拆除影院，原址上筹建东湖大厦，拟在裙房里为“东湖”保留三个放映厅。

不幸的是，1998年，大厦造到地面二层时，日本遭遇东南亚金融危机，藤田公司资金链断裂，工程被迫停工。当时藤田已投入1000万美金，而东湖是藤田在中国唯一投入现金的项目，为了不让大楼成为烂尾楼，还“东湖”一座电影院，藤田公司退出项目前，再向中方投入472万美金，作为补偿。最终，藤田公司在此项目上近1500万美元打了水漂。“东湖”拿了这笔钱再造一座电影院是没问题的，但考虑到大厦基础是按25层来做的，加之原施工方住宅总公司愿垫资75%继续施工，最终决定完成大厦项目建造。

2000年大厦竣工，名东湖大楼，除放映厅外，其余楼层开始招租。2001年，东湖大楼以近3亿元人民币转让给上海地产集团，更名为地产大厦。大楼内的KTV和三个放映厅全部归属地产大厦。此时东湖电影院已名存实亡了。2003年，东湖电影院投入放映设备，并派驻工作人员，同地产集团合作在大厦内建一座内部电影院，平时还可作开会之用。直到2010年，“东湖”人员退出地产大厦。从此，有70余年历史的杜美大戏院（东湖电影院）在上海影院版图上消失。

名震沪西的共和大戏院

共和大戏院，又名沪西共舞台，位于劳勃生路（今长寿路）427号，由业主吴渐达创设，初建成时设施极为简陋，专演戏剧，于1931年开幕。戏院位于越界筑路地段，中国政府与租界工部局分而治之。说起“共和”二字，当年还是很时尚的，北洋政府用“红黄蓝白黑”五色旗，代表汉满蒙回藏五族共和。当年以“共和”为名的文娱场所也不少，戏院就有几家，如南市共和大戏院，“大世界”内还有个共和厅。

召开反日大会遭查禁

戏院所处的沪西地区有多家棉纺织工厂，是纺织产业工人集居的地区，也是中共地下组织经常活动的地方。开业不久，这家小戏院里就发生了震惊中外的“沪西共舞台事件”。

1932年5月5日，中日《淞沪停战协定》签订后，中共江苏省委根据中央指示，为进一步扩大和统一全省反帝大同盟，推动抗日救国运动，并为“八一”召开全国代表大会成立全国反帝大同盟做准备，决定于7月17日由上海反帝大同盟、江苏省民众援助东北义勇军反对上海停战联合会（民联），以“江苏省民众反帝抗日援助东

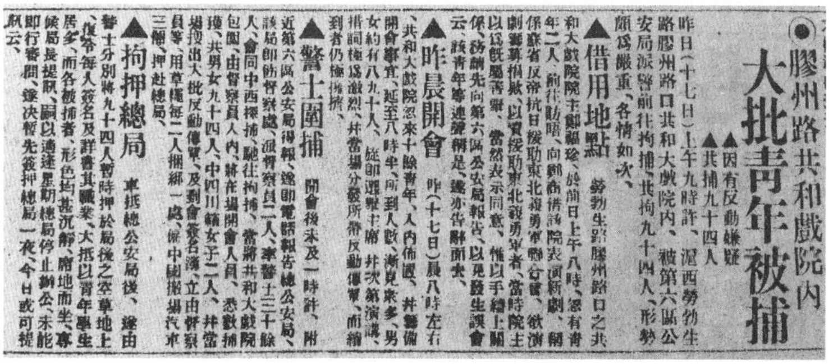
膠州路共和戲院內
大批青年被捕
▲因有反動嫌疑
▲共捕九十四人

昨日（十七日）上午九時許、滬西勞勃生路膠州路口共和大戲院內、被第六區公安局派警前往拘捕、共拘九十四人、形勢頗爲嚴重、各情如次、

▲借用地點 勞勃生路膠州路口之共和大戲院院主鄭福珍、於前日上午八時、忽有青年二人、前往訪晤、向鄭商借該院表演新劇、關係蘇省反帝抗日援助東北義勇軍者、當時院主以爲既屬善舉、當然表示同意、惟以手續上關係、務飭先向第六區公安局報告、以免發生誤會云、該青年等連聲稱是、遂亦告辭而去、

▲昨晨開會 昨（十七日）晨八時左右、共和大戲院忽來十餘青年、入內佈置、并籌備開會事宜、延至八時半、所到人數、漸見衆多、男女約有八九十人、旋即選舉主席、并次第演說、措詞極爲激烈、并當場分發所帶反動傳單、而續到者仍極擁擠、

▲警士圍捕 開會後未及一時許、附近第六區公安局得報、遂即電話報告總公安局、該局即飭督察處、派督察員一人、率警士三十餘人、會同中西探捕、馳往拘捕、當將共和大戲院包圍、由督察員入內、將在場開會人員、悉數捕獲、共男女九十四人、中四川籍女子一人、并當場搜出大批反動傳單、及到會簽名簿、立由督察員等、用草繩每二人捆綁一處、保中國搬場汽車三輛、押赴總局、

▲拘押總局 車抵總公安局後、遂由警士分別將九十四人暫時押於局後之空草地上、復將每人簽名及詳誌其職業、大抵以青年學生居多、而各被捕者、形色均甚沉靜、席地而坐、專候局長提訊、嗣以適逢星期總局停止辦公、未能即行審問、遂决暫先發押總局一夜、今日或可提訊云、

图1 1932年7月18日《申报》第3张第9版报道：胶州路共和戏院内大批青年被捕，因有反动嫌疑，共捕九十四人

北义勇军联合会”的名义，商借共和大戏院演剧筹募捐款，并由戏院院主郑福珍向国民党第六区公安局备案，实为召开各反日团体代表大会（图1）。

7月17日清晨，上海民联青年部部长温济泽与青年部专职干事曹均（曹顺标）作为筹备处的工作人员，提前来到会场布置，带来大批文件和宣传品到达会场。温济泽却感到很不安，因为在来的路上，特别是戏院的附近，发现有不少形迹可疑的人，而且逐渐增多，有的已混进了会场，他遂向大会主席团主席陈祖骞建议不能开会。但是，陈祖骞不仅主张继续开会，还派学生代表武翰章、周正余、刘志超等3人去附近国民党公安局交涉，结果被扣留。8时左右，100多名代表按规定的“秘密口号”进入会场。9时许，大批警察、特务包围戏院，除少数代表从后院翻墙脱逃之外，共有94人（其中参会代表88名）被捕，先被押送至上海市公安局审讯；同月21日下午4时，除戏院老板郑福珍及该院茶房等6人交保外，参会代表88人解送龙华淞沪警备司令部军法处。7月18日，《申报》作了较大篇幅的新闻报道①，之后又连续追踪报道事态。“共舞台事件”轰动上海滩。

7月29日，参会代表李逢春等3人叛变，他供出了中共江苏省委地址，中共江苏省委重要领导人肖万才等7人因此在上海住所被捕。肖万才当时是上海南洋肥皂厂的党支部书记、中共闸北民众反日救国会分会发行部长，他家是中共江苏省委的一个秘密联络点，他还是此次大会的组织者之一。17日被捕的88名参会代表在龙华淞沪警备司令部军法处遭到几次审讯，未有结果。其时，蒋介石的反共“围剿”正遭失败，闻讯后，他即电令淞沪警备司令部速将全部案犯押解至南京军政部军法司。于是，7月29日夜里，95名被捕者被分装两车，从淞沪警备司令部押出，乘坐京沪铁路夜车运往南京，由二个排的警备司令部卫队随车押送。30日上午10时，他们抵达南京，被交军政部军法司收审②。在判决前，江苏高等法院军法课对此“反动案件”确定了审判原则，即所谓“两个重点”：一是确认这次大会是非法的，反动的；二是当场围捕，抓了现行，证据确凿。9月27日，江苏高等法院作出判决，对肖万才等13人判处死刑（他们分别是：肖万才、曹顺标、柳日均、崔阿二、徐阿三、陈士生、邱文治、陈山、钟明友、王得盛、杨小二子、许清如、许金标）；70 人被判有期徒刑；9 人交保释放；李逢春、王灿、李文达等 3 人叛变投敌。

事件发生后，戏院被查封，暂停营业。

邀请筱文艳演江淮戏

沪西是江北人聚集居住地。江北籍包括皖北人，但主体为苏北人，而苏北人中又以里下河地区的人居多。他们到上海讨生活，大多成为纺织女工、码头工人、黄包车夫、清洁工、女佣等。这么多生活于底层的苏北人，对娱乐活动也有需求。而从他们的收入和欣赏习惯来说，最对胃口的还是家乡的“江淮戏”。

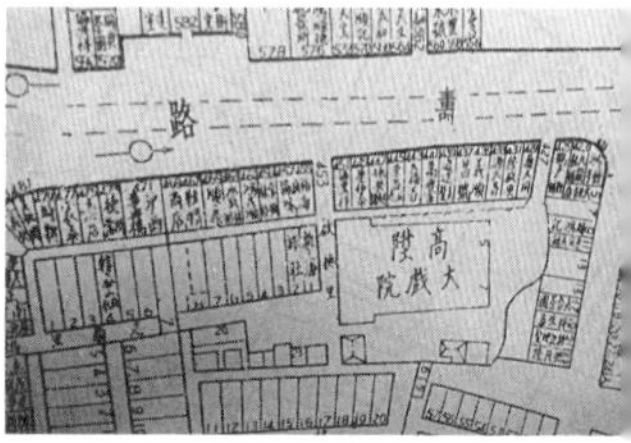

图2 长寿路427号近胶州路口，高升大戏院（沪西共舞台）。1947年版《上海市行号路图录》上册图86截图

1935 年共和大戏院改建，更名为高升大戏院，演出厅为 700 平方米的砖木结构简易平房（图 2）。戏院虽不豪华，但地处纺织女工集居的沪西劳勃生路一带，有众多的江淮戏迷，于是也就成了演江淮戏的理想场所。

1939 年，戏院老板向在上海滩走红的淮剧名伶筱文艳发出邀约，而筱文艳等人为了剧种的发展，也想在沪西有个固定的演出场所，由此双方一拍即合。同年年底，筱文艳与何叫天等在高升大戏院演出连台本戏《七世姻缘》中的《梁祝哀史》时，与琴师高小毛、鼓师王士广合作，发明了一种后来被称为“自由调”的曲调，逐渐形成了她自己的唱腔艺术。从此，“江北梅兰芳”的美誉在观众中不胫而走（图 3）。

“老燎原”变身“新燎原”

1948 年 2 月 9 日，高升大戏院改名为大都会大戏院，由黄金荣、张镜寿揭幕，欧阳莎菲、曹慧麟小姐剪彩，开幕首映国产巨片《八年离乱》（图 4）。1964 年扩建改造，座位从 594 个增加至 684 个，后改名为燎原电影院（简称“老燎原”）。

图3 1960年，筱文艳出演淮剧《女审》剧照

燎原电影院地方太小，设施落后，没有大堂。为满足周边居民的娱乐需求，1982 年 9 月，影院投资 215 万元，在长寿路 600 号近

图4 《申报》(1948-2-9)大都会大戏院开幕广告

胶州路口处易地兴建新燎原电影院，由上海民用建筑设计院设计，市建五公司施工（图5)。1984年9月竣工，同年11月1日开业。新影院为1幢扇形钢筋混凝土结构、茶色玻璃面墙体的三层楼房。(图6）坊间曾有传言，“新燎原”第一个采用了茶色玻璃，因擦得太亮，有游客一头撞去以致头破血流。放映厅内配有“道尔贝”系统立体声音响等先进设备。楼上、楼下共有软席座椅1345个。一、二层楼均设有宽敞舒适的观众休息厅。底层设有喷水池、小卖部，二楼有音乐茶室及舞厅（后改为袖珍电影厅)。影院前辟有600平方米的绿化园地及停车场。

“新燎原”开张后,前来观影者络绎不绝,票价也从5角涨到1元,白天可放七八场电影。有新片上映，片厂往往选在这个新式电影院首映。许多电影明星都来过“新燎原”，如巩俐、刘晓庆、古月、刘德华等。当年电影《芙蓉镇》公映时，曾引得长寿路、胶州路口人山人海。

1988年4月，新燎原电影院在全市最早开办通宵电影，被誉为上海的“不夜城”。与大光明电影院周末通宵场不同，新燎原竟然开设了天天通宵场，夜夜火爆，为青年男女创造了一个谈情说爱的好地方。

1988年6月，经理卜位中出席全国超百万影院经理座谈会，成

图5 1982年，新燎原电影院投资兴建工程开工合影

为上海影院六强之一。可是,1990年以后,卡拉OK和VCD风靡起来,且很快成为年轻人的娱乐主菜单,尽管1990年12月新燎原又在楼顶添建了上海首家360度环幕电影厅,但已无法遏制电影市场的颓势。1994年7月19日,更名为燎原影都,成为上海西区最大的文化娱乐中心。这里除了电影大厅之外,还设有360度环幕电影厅、镭射厅、环形迪斯科舞厅、KTV包房、游戏房、咖啡厅和餐厅,还有录像带出租、艺术照相等。1994年12月8日,与日本东京株式会社合资开办上海大阪娱乐有限公司;1995年8月3日,由中方接管,终止合作。2001年3月,燎原影都与沪西电影院合并,实行联动管理模式。1991–1998年间,影都曾为上海电影系统“四大天王”院线之一,连续四届被评为市级文明单位。1998年,电影放映票房收入高达880万元,在全市电影系统中名列前茅。从此,票房收入逐年下滑,至2003年,票房收入骤降至37万元,影都经营已难以为继。2005年,燎原影都宣告歇业。

图6 1980年代,长寿路600号近胶州路口,新燎原电影院外观

①:《申报》(1932年7月18日,第3张第9版)报道《胶州路共和戏院内大批青年被捕,因有反动嫌疑,共捕九十四人》

②:《申报》(1932年7月30日,第4张第15版)报道《百余共党昨晚解京》

屡遭劫难的上海大戏院

图1 1917年5月17日《申报》上海大戏院开幕广告

曾焕堂买下戏院股权

1917年5月17日，在毗邻租界的虹口北四川路523号（今四川北路1408号）虬江路口的中华大戏院（后易名为同庆戏园）旧址上，上海大戏院揭幕开张。戏院为二层仿美新式建筑，正门面向虬江路，楼下是正厅，二楼正面为楼厅，两侧为包厢。早期以放映欧美影片为主，间演粤剧；晚期则由俄侨经营，专映苏联电影。开张时首映连集最新侦探大片《妖党》（头二本为《强盗扮捕头》）①，并在《申报》刊登大幅广告（图1）。

当时，申城虽已有十来家影戏院，但全部由雷玛斯等外国商人投资经营，而上海大戏院的大股东为大世界老板黄楚九之女婿粤商曾焕堂，他开华商影戏院之先声，一举打破外商垄断沪上影院的格局。（图2）。1923年10月10日，《申报》（21版）刊出一张“中国影戏领袖之合影”，12人中只有两位华商，即曾焕堂（上海大戏院总经理）和何挺然（上海大戏院经理兼干事），其余皆为西人，如百代公司、美国联合美术影片公司、环球影片等公司的经理或驻远东代表。上海大戏院的影响力和行业地位可见一斑。曾焕堂用古埃及神话女神伊西斯（Isis）之名作戏院外文名，祈望戏院得到女神之佑护。但事与愿违，这家对中国早期影坛产生独特影响的影戏院却屡遭劫难，存世仅20年，那是后话。

图2 曾焕堂与夫人、儿子合影

上海大戏院创办伊始，为曾焕堂与邓子羲（新爱伦活动影戏园老板、外商林发的合伙人）、意大利人罗乐璇合伙经营的，作为“新爱伦”的分院。但这只是曾焕堂的权宜之计。1920年2月，曾焕堂在岳父黄楚九的资助下，以大利公司名义买下上海大戏院的其余股权，成为名副其实的华商独资经营第一人。

曾焕堂深谙商道，为谋求更大利润，他还涉足制片、放映、代理经营、电影学校等方面。

1924年9月1日，中华电影公司宣告成立，黄楚九、袁履登、曾焕堂等出任董事，曾焕堂兼任总经理。同时，公司附属的中华电影学校也随之成立，在首批录取名单中，有日后成为“中国电影皇后”的胡蝶，还有徐琴芳、刘汉钧、黄筠贞、萧英、周空空、高梨痕、舒廷浩等。电影学校由曾焕堂亲任校长，洪深出任教务主任。曾焕堂将影院作为校外课堂，除了校内上课外，学员还有每周两次免费上影戏院观摩学习的机会。但是，开张不到半年，因股东间意见分歧，中华电影公司及中华电影学校就宣告解散。这对曾焕堂投身电影业是一大打击。

悬赏征名提高影院名声

上海大戏院在招揽观众、提升影院影响力上，可谓动足脑筋，出尽奇招。如1923年2月20日（正月初五），新年伊始，上海大戏院在《申报》上刊登广告，为外国影片悬赏征求中文片名。新片英文名是 The Purple Riders，为电影名家左兰姆毕生之杰作。影片既有天然之美景，实地写真，又有勇武之拳术，别开生面。对题赐美名被录取者，戏院将敬赠英洋十元。

在当时的上海电影观众中，的确有不少人精通英文，直译这样的片名，真是小菜一碟。但要译出一个传神的片名并非易事。戏院登在《申报》的广告中，将空缺的华文片名处印上三个大问号，摆尽噱头，赚足眼球。“如蒙应征者，请即晚至敝院参观头二三集之新片后，依照事实，题以美名，书于说明书中应征券之上，投寄本院编辑部……”（《申报》1923年2月20日，第21版）广告一经刊出，应征者纷至沓来，一时观片者如潮，戏院的名声也随之远扬。戏院花十元英洋“悬赏征求”，打着“新年之游戏”的旗号，实为名利双收之绝佳策划。

不久，戏院收到了一千余封应征函，其中不乏绝妙的译名。而戏院最终只取一名，沧海遗珠在所难免。一周后即2月26日，院方应征截稿，初选出六个译名。后选出孟静阶的《遗产毒》与女学生庞静闲的《奇冤劫》两个片名进行角逐。最后，孟静阶的译名以“与此片情节颇称吻合、且亦颇动听”为由胜出。戏院随后又在《申报》上大篇幅刊登“题名《遗产毒》影片之理由揭晓”一文，为应征片名游戏画上圆满句号。

鲁迅生前看的最后一部电影

1932年12月中苏复交，国民党政府允许个别电影院上映苏联影片。次年2月16日，上海大戏院首次公开放映苏联电影《生路》（原名《人生大道》），从而开创了中苏复交后放映苏联电影之先例。2月19日夜，鲁迅先生偕夫人许广平前往上海大戏院观看《生路》。此后三年多，鲁迅因苏联电影与上海大戏院结缘。据《虹口文化志》记载，鲁迅偕家人或与友人在上海大戏院观看的苏联电影有《傀儡》《夏伯阳》等24部，计26场次②。

鲁迅平时把喝咖啡的时间都用在写作上了，看电影和坐汽车对他而言是“最奢华的生活”。许广平先生在《鲁迅先生的娱乐》一文中回忆道，鲁迅先生“工作的过分忙碌，是没有余暇想到娱乐的。在初到上海的时候，看到别人的急急忙忙赶去看电影，有时恰巧鲁迅先生去访问不遇怅然而返的时候，他往往会含着迷惘不解的疑问说出一句：‘为什么这样欢喜去看电影呢？’那时他常去的地方，是书店或图画展览会……但偶然也去看电影，却不多，比较多的时候，是后来的几年。”③鲁迅晚年之所以看电影的次数多了起来，除为了“增加一些知识”外，更多的是想“苏息一下，苏息之后，加倍工作的补偿”。既然去了电影院，就要享受一下。他考虑到许广平患近视，特意选择楼上第一排，有时多花点钱，选择“花楼”座位，以避人耳目。

鲁迅看电影一般不挑戏院，而重影片内容。但他尤爱去上海大戏院：一则因离家较近，乘车步行皆方便；二则它是苏联影片的头轮影院。至于苏联片子，“是每张都不肯错过的，比较上最使他满意的了。最后看的一次《复仇艳遇》，是在他逝世的前十天去看的，最令他快意，遇到朋友就介绍，是永不能忘怀的一次，也是他最大的慰藉，最深喜爱，最足纪念的临死前的快意了”④。

1936 年 10 月 9 日，上海大戏院首映根据俄国天才诗人普希金中篇小说《杜勃洛夫斯基》改编的《复仇艳遇》。次日，鲁迅与许广平前往观看此片。这是鲁迅观看的最后一部电影，也是他最喜欢的一部电影。10 天后，鲁迅与世长辞。看完电影后，鲁迅即致信好友推荐此片："午后至上海大戏院观《复仇艳遇》(Dubrovsky by Pushkin）以为甚佳，不可不看也”(1936 年 10 月 10 日《致黎烈文的信》）⑤；“今日往上海大戏院观普式庚之 Dubrovsky（华名《复仇艳遇》，闻系检查官所改)，觉得很好，快去看一看罢。”(1936 年 10 月 10 日《致黄源的信》）⑥

连遭磨难几经易主

1927 年 4 月 12 日，蒋介石发动“四一二”政变。一时间申城黑云压城，血流成河，闸北一带更成为白色恐怖的重灾区，整个上海一片凄凉。上海大戏院因毗邻闸北，顿时观众如退潮一般，门可罗雀，只能被迫歇业。

曾焕堂心有不甘，借机投下巨资改造戏院，并将影院进口大门从虬江路移至日趋繁华的北四川路，将座椅全部翻新，使影院焕然一新（图 3)。他还利用其人脉，广选佳片，备足片源，以求东山再起。经过半年改建，上海大戏院于 1927 年 10 月 15 日重新开张，以滑稽大明星裴开斯登主演的喜剧片《最后之胜利》作为开幕片，各档票价虽相应上浮，营业状况却十分火爆。上海大戏院虽躲过一劫，但接下去的 10 年间又连遭磨难，命运多舛。

20 世纪 20 年代末，当上海大戏院营业已回暖时，曾焕堂为了给内兄黄钟甫还赌债，忍痛割爱，将戏院全部股份转让他人。继中华电影公司及其电影学校解散之后，曾焕堂又遭致命一击，从此彻底告别上海大戏院，结束其苦心经营的电影业。1929 年 12 月 11 日，上海大戏院重新开幕，首映美国联美公司有声片《水落石出》。1931 年 2 月 17 日改建开幕，增加冷气机，装置美国西电公司有声机，首映裴开斯登主演的影片《少爷兵》，此后业务渐趋稳定（图 4)。

图3 1927年，上海大戏院(北四川路虬江路口，正门开在北四川路上)

图4 1931年3月，上海大戏院上映范朋克主演《驯悍记》

1932 年“一·二八”淞沪抗战爆发当天，上海大戏院正在放映依丽娜·德门与约翰·麦克勃郎合演的历史哀艳巨片《荆棘》。当晚 11 时许，日本海军陆战队在天通庵一带，先向我十九路军开火，随即向淞沪铁路及虬江路方向的我军防线进攻。在双方激烈交火中，戏院不幸被炸遭损。经修缮后，于同年 11 月 5 日重新开幕，首映美国联合影片公司的《银河取月》。

1935 年 7 月 2 日起，上海大戏院归广发公司管理，次日停映电影，改演由千秋新声男女剧团主演的粤剧《六国大封相》。同年 12 月 10 日起，戏院再次易主，归属利记公司，续演粤剧《六国大封相》，由肖丽章男女剧团主演⑦。

1936 年 4 月 8 日起，上海大戏院恢复放映电影，首映美国华纳影片公司的《爱尔兰革命秘史》。1936 年 9 月 1 日，俄商在沪的亚洲电影公司与上海大戏院签订放映合同，将影院作为专映苏联影片的首轮影院。9 月 19 日，由俄商经营的上海大戏院重新开幕，首映 1936 年苏联莫斯科制片厂出品的音乐歌唱对白有声巨片《无国游民》。

1937 年 2 月 20 日，一部由苏联电影新闻厂出品、反映埃塞俄比亚人民反抗意大利法西斯侵略的纪录片《阿比西尼亚》在上海大戏院放映，遭到了意大利水兵及侨民的暴力捣毁，使影院又遭重击，大大影响了其经营收益。

图5 1937年7月26日《申报》上海大戏院歇业广告

最后一日放映苏联影片

1937 年 6 月 11 日，上海大戏院被捣毁后勉强复业，首映苏联影片《克隆斯达海军》。7 月 13 日起，戏院放映苏联纪录片《与打击者以打击》，观众如潮，一再加映，直到 26 日，即上海第二次淞沪会战前夕，历经劫难的上海大戏院预感大战将临，在劫难逃，无奈在《申报》刊登歇业广告："今日最后一天开映，一再要求，欲续不能！最后放映苏联红军作战演习大片《与打击者以打击》，今日映毕，永不重映。"（图 5）从此，中国早期影戏院之一的上海大戏院在上海影戏院版图上消失。

庆幸的是，到了 1943 年，由苏侨罗古文、托哈齐在辣斐德路（今复兴中路）上合资建造了影院，初名沿用"上海大戏院"。

1937 年"八一三"事变爆发，日军占领虹口后，上海大戏院旧址变为日产工业自动车厂。抗战胜利后，国民政府经济部接管日产企业，后由胡厥文买下改作修理汽车工场⑧。新中国成立后，汽车修理工场改为市烟糖批发部仓库。20 世纪 90 年代，改为烟酒糖业集团公司百花第一食品商场。如今商场被拆，改建成四川北路公园。

①:《申报》(1917年5月17日，第四张第13版)《上海大戏院开幕广告》

②、⑧:《虹口文化志》(上海书店出版社1997年11版，第25页)

③、④:许广平"鲁迅先生的娱乐"(《欣慰的纪念》人民文学出版社1981年5月版，第92、95页)

⑤、⑥:鲁迅书信(《鲁迅全集》人民文学出版社1998年版，第十三卷，第443-444页)

⑦:《申报》(1935年12月10日，本埠增刊第八版)广告《上海大戏院 肖丽章男女剧团重临第一声》

夏令配克：上海市中心首家影戏院

西片为主　兼首映国片

1914 年 9 月 8 日，在上海西区静安寺路 742 号，近卡德路口（今南京西路 758 号，近石门二路口）东北转角，由西班牙人雷玛斯建造的夏令配克影戏院（OLYMPIC THEATRE，以下简称夏令配克）正式开张。这家影院在雷玛斯影院王国中有其特殊地位，它存续时间最长（1914—1994），且是上海市中心建造的第一家影戏院。1910 年代初期，雷玛斯费英洋五万元设计建造夏令配克。开幕首日放映法国影片《何等英雄》（图 1）。

夏令配克规模当时堪称全市第一，共有座位 850 只；装潢新颖富丽，并设有包厢（图 2）。更主要的是它具有地段优势，在经营上也比较灵活，以放映美、法影片为主。但在国产影片崛起尚乏自营

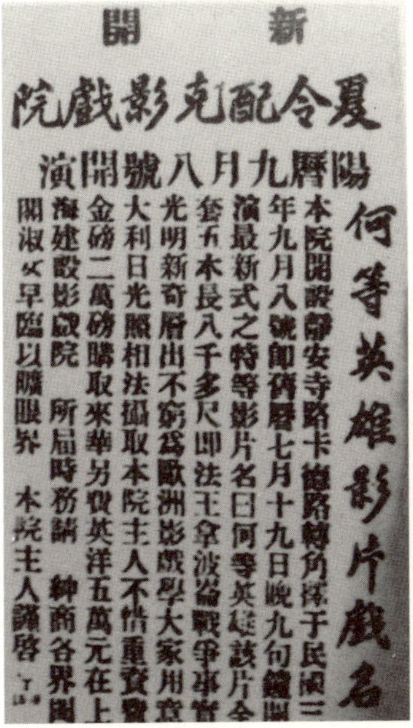
新開
夏令配克影戲院
陽曆九月八號開演
何等英雄影片戲名
本院開設靜安寺路卡德路轉角擇于民國三年九月八號即陰曆七月十九日晚九句鐘開演最新式之特等影片名曰何等英雄該片全套五本長八千多尺即法王拿波崙戰爭事實光明新奇層出不窮為歐洲影戲學大家用意大利日光照相法攝取本院主人不惜重資費金磅二萬磅購取來華另費英洋五萬元在上海建設影戲院　所屆時務請　紳商各界閨閣淑女早臨以饜眼界　本院主人謹啓

图1　1914年9月8日夏令配克影戏院开张广告
图2　1914年，夏令配克影戏院（静安寺路、卡德路）

电影院之时，夏令配克愿为其提供放映机会。在中央大戏院（市工人文化宫影剧场之前身）开设之前，国产影片十之八九在夏令配克首映。如：1921 年 7 月 1 日，首映中国第一部长故事片《阎瑞生》；1922 年 1 月 23 日，首映中国第一部爱情故事片《海誓》；1922 年 5 月 10 日，首映中国第一部侦探武打片《红粉骷髅》；1923 年 2 月 11 日，首映中国第一部纪实影片《张欣生》（图 3）。夏令配克在上海早期影院中对国产影片之扶持，可见一斑。

静安寺路 夏令配克影戲院 卡德路口
陰曆正月元旦初二初三初四連映四天
明星影片公司攝製中國影戲
上海浦東三林塘實事
逆倫案
張欣生
中國影戲裏的大王來了

图3 《申報》1923年2月11日中国首部纪实影片《张欣生》上映预告

1926 年 3 月，西班牙商人雷玛斯挟其二十余年在上海经营电影业盈余，行将回国养老。消息传出，甬商张石川（明星公司经理）、张长福（百代公司经理）等为提倡国产电影起见，创设中央影戏公司，设总办事处于仁记路 35 号，并承租雷玛斯游艺公司旗下之夏令配克、维多利亚、恩派亚、卡德、万国五院①。1926 年 4 月 1 日，中央影戏公司将夏令配克转租于爱普庐影戏院主人赫思倍经营，暂不改换影院名称，先对银幕、放映机等作调换，俟三月之后再行停闭装修。是年 10 月 1 日，花费 4 万美金装修一新的夏令配克再度开幕，富丽堂皇，堪称东方第一高尚、伟大影戏院，并更名为夏令配克大戏院（EMBASSY THEATRE），首映华纳巨片《情海血》。

首装有声机　盛极转衰

民国十八年（1929 年）之前，上海影戏院放映的“有声片”用的是蜡盘配音，口型不对，且发音效果差。1927 年，华纳推出歌舞片《爵士歌王》，电影才真正进入有声片时代。1928 年，美国又率先制作完成了有声故事影片（片上发音）。1929 年 1 月 7 日，法兰西皇后号邮船到达上海港，随船来的美国电气工程师高乐君（Mr.J.P.Koehler）带来一套亚尔西爱福托风公司（R.C.A.Photophone Company）发音机。这第一套来自大洋彼岸的发音机就是夏令配克订购的。1929 年 2 月 9 日（农历除夕），夏令配克上映有声影片《飞行将军》，成为上海乃至中国较早公映有声电影（有音乐无对白）的影院之一。与早在 1926 年 12 月就放映有声短片电影的百星大戏院不同，夏令配克一开始就放映有声故事片。一时营业极盛。但好景不长，1929

年下半年，大光明、光陆、卡尔登、奥迪安等紧随其后纷纷加装了发音机，夏令配克有声片优势锐减。此后，随着有声电影发展，中小影院也一律添装有声机。至于新造电影院，有声机更是每家必备，夏令配克优势全无，风光不再。5年之后，夏令配克营业状况急转直下，从早先一票难求，竟落魄到营业日见清淡、观众可随到随看之境地。自从沦落为放映二轮西片之后，外国水手们观影居多，便不大有华人去看了。夏令配克因年久失修，其建筑已显衰相，不足以与新生代影院竞争，遂于1934年9月22日以放映《孤军魂》收场，关闭停业。这样一座古旧的屋子经不了风吹雨打，顶穿了，屋漏了，人也没有了，什么都变了样。

1937年8月13日，中日淞沪会战爆发，大量难民涌入租界。在中共地下组织沪东工委书记周林、共青团江苏省委书记陈国栋领导组织下，将破烂不堪的夏令配克大戏院辟为难民收容所（不久改名为卡德路难民收容所）。这是上海抗战初期最早的难民收容所。中共江苏省委成立后，在王尧山主持的难民委员会领导下，此收容所不仅成为社会救济场所，而且还成了进行抗日救亡教育、培养抗日救亡生力军的大学校（1939年版《上海市行号路图录》上夏令配克的位置标注为住宅）。直至1939年初，该院屋由华商潘志衡租得，院内难民方才迁出，影院重获生机。

拆除重建　改名大华

1939年7月，潘志衡投资并委托美商远东电影公司在旷废已久的夏令配克大戏院原址上动工重建一座专映第一轮西片、座位可容一千二百人的现代化电影院。全部建筑工程由华盖建筑事务所陈植建筑师主持（大上海、金城大戏院建造均出自他之手），由外籍设计师冈达设计改建，技术顾问为业内高手鸿达建筑师（光陆、国泰、平安三戏院均为他的作品）。为了使银幕达到良好观看效果，且对观众视力损伤减至最低限度，影院特引进一种Syorex新式银幕，并在开幕前安装完毕。每一只座位间隙，都设定充裕容膝空间。可见远东公司不惜工本打造第一流影院之决心。重建后的影院，由远东电

图4 1940年代，南京西路中正北二路（石门二路）路口，东侧大华戏院，西侧德义公寓

影公司管理，潘志衡任董事长，李迪云任总经理，改名为大华大戏院（ROXY THEATRE，以下简称大华），于12月12日开幕，首映美国米高梅公司歌舞大片《金玉满堂》（图4）。

大华建成前夕已与米高梅公司签约，成为专映米高梅原版片的首轮影院。米高梅出品的《乱世佳人》在大华连映42天，场场爆满，创下上海影院卖座最高纪录。大华开幕当日，《申报》（1939年12月12日，第14版）刊登《大华巡礼》一文，对大华极尽溢美之词：

> 大华大戏院今日正式开幕，在本年度海上游乐史中该是很光荣的一节。大华的前身原是一家首先开映有声电影的“夏令配克”，它为了种种原因，停闭多年，在这过程中，我们走过门口，不禁望宇兴叹！如今，这静寂破落的院宇，一变而为富丽堂皇的艺术之宫，且将以活跃姿态，吸引盈千累万的影迷，确是一件可喜可贺的事。

说起影院新名字“大华”，就要重提夏令配克旧事。1925年6月，地处静安寺路戈登路（今南京西路江宁路）口的大华饭店开设“大华露天影戏院”，本是作为上海大戏院夏季分院，每年6至9月间开映。1928年和1929年夏季，与夏令配克影戏院合作，时常互补放映，关系密切，即“大华”如遇雨天则改在“夏令配克”开映；而“夏令配克”夜间场则在“大华”放映。正是这一段因缘，1939年12月夏令配克大戏院拆除重建时就沿用了大华饭店露天影戏院的中文名而取名“大华大戏院”。而大华大戏院英文名“ROXY”则取自当时美国最豪华的影院之名，与其米高梅首轮影院身价合拍。

租界沦陷　无奈映日片

大华大戏院虽过了鼎盛期，但在上海电影院中仍是与大光明、南京等戏院同为雄踞全市第一流的影戏院。大华地点之适中，设备之齐全，装饰之富丽，尤为各戏院之冠；1941年12月8日，日本偷袭珍珠港，太平洋战争爆发，美、英等国对日宣战，日军魔爪伸向租界，“孤岛”沦陷。大华的好日子没过几年，便遭日寇侵入。大华原本为主营美英等外片的影院，顿时片源断绝，仅依赖存片维持放映。此时，战乱和经济萧条，大华不时以魔术表演或粤剧间隔国产片映演，勉强维持营业。1943年5月，日伪当局成立中华电影联合股份有限公司（简称伪“华影”），规定：无论华商、外商影院，一律纳入“华影”管理范围，统抓影片的摄制、发行、放映大权。伪“华影”强行接管大光明、国泰、南京、美琪、大上海、大华、丽都、沪光、金门、平安、西海、浙江等12家影戏院。日本占领军在租界为肃清敌性影片，伪“华影”乃决定将大华大戏院作为专映日本影片的殿堂，以放映攻占香港实地背景戏剧片《英国崩溃之日》为开端。当年大华贴出启事曰：“敝院向来专映美国影片，本月九日国府对英美宣战，敝院拥护国策，自愿停止放映美国影片，并经郑重考虑际此中日文化交流积极提倡之时，介绍友邦日本影片……爰决定自今日起专映日本最优秀之影片，尚望各界人士不吝指教，概予协助，不胜感祷之至。此启”②大华不得已被迫专映日片。

抗战胜利后 大华复自营

美国米高梅公司原本计划在上海新建巨型米高梅影院（拟定址静安寺路新昌路口，原跑马厅石翁仲后侧），嗣因人工昂贵，及材料运输困难，乃告搁浅。新建影院无望，基于与大华多年合作关系，双方达成协议，米高梅公司于1947年3月全面接管大华，由法雷任影院经理。但非坊间流传“已收购大华”一说。

1946年初，本市各影院对于优待国军免费观剧，已拟具方案。是年1月5日，院方代表大华大戏院总经理李迪云告记者，影院当局对于抗战国军劳苦功高，亟需获得娱乐之情形，甚表同情，已迭次与美国八影片公司（福克斯、哥伦比亚、迪士尼、环球、华纳兄弟、派拉蒙、米高梅、雷电华）协商免费办法，即拟将全市大小影院四十余家，分成四组，每组10家，共计约有座位800个，按各地段分配，每星期轮流免费招待国军一场，即平均每院每月免费招待一次。然各影片商坚决反对首轮影片免费招待。片商表示，若各影院执意将首轮影片免费招待，则可能停止供片，并收回已发各片。另据美驻沪副领事霍华德氏解释，美片商不能同意免费供国军观片，乃亦不得已事，因驻沪英美军入赴各影戏院亦须购票。为此，大华

图5 1947年，大华电影院门景

总经理李迪云召集各院代表商讨，并作最后决定：若影片商仍坚持不得免费，则拟由院方认付相当代价购片，以供国军免费观剧。由此可见，大华等首轮影院犒劳国军之诚意足矣（图5）。

1948年12月22日晚，孙夫人宋庆龄所主持之中国福利基金会，假座大华大戏院，献映《乱世孤雏》，该片由美国米高梅影片公司出品，献演全部收入，将悉充中国福利基金会儿童福利基金，映权由米高梅公司捐赠，院租由大华捐助。

1949年5月2日，大华由犹太人韦尔霍代经理。

大华改新华 创多种专场

1949年5月，上海解放。1950年10月17日，为声援抗美援朝，大华大戏院和巴黎大戏院（后改名为淮海电影院）职工一起在报上发表拒映英美影片决心书，影院正式停映美片。本市各影院自一致拒映美片后，营业非但未受影响，新片上映，反而更加卖座，因此遭黄牛党觊觎，抢购戏票居奇渔利，四五千元之票（旧币，相当于新币四五角），竟被抬高至七八千元，且公然在门前出售。看来黄牛党盛行并非今日之乱象，无利不起早，历来如此。

新中国成立初期，大华大戏院由中国影片公司华东区公司租赁管理。1951年3月31日下午2时，影院举行“命名开幕典礼”，次日起更名新华电影院，并献映巨片《中国民族大团结》。文化艺术界被邀前往观礼者，达一千余人。华东上海党政首长均亲临致贺。同年6月1日起，新华电影院将以前“大华”所附设咖啡馆改辟为阅览室，供观众免费阅览画报、杂志及各种书刊。1953年4月20日，新华电影院由军管会征用。同年7月1日移交上海市文化局接管（图6）。

图6 1960年代，新华电影院

为繁荣人民文化事业，新华电影院首创开辟了星期日儿童专场、学生专场和星期日原版片专场。苏联、捷克斯洛伐克、匈牙利、印度、日本、法国、德国、南斯拉夫、埃及、意大利、墨西哥、越南、朝鲜等二十多个国家曾在此举行电影周和电影展映活动。如，1956年6月新华电影院在举办“捷克斯洛伐克电影周”期间，《钢城两父子》一片上座率占所有参加展映电影院的首位。新华电影院能够取得如此高的上座率，主要是在宣传和组织观众上采用了新方法。那时新成区（以成都路为界，以西区域归属今静安区，以东区域归属今黄浦区）正在蓬勃开展扫盲运动，新华职工看过《钢城两父子》试片后，觉得影片内容可以配合宣传扫盲运动，于是他们主动联系新成区扫盲协会，安排部分扫盲教师参加电影周开幕典礼，并观摩这部影片。次日，影院还邀请这些教师举行了座谈会。同时，新华又采用了“整订零取”的购票办法，给观众更多方便，深得好评。

图7 1980年代，南京西路742号近石门一路口，新华电影院

1986 年上海市电影发行放映公司投资百万元，对新华电影院进行全面整修，外墙采用花岗岩贴面，门厅两侧不锈钢柱子闪烁着五彩灯光，观众厅设计精巧，别具风格，并调了座椅排距及视角，大厅色调柔和、立体感强、视听环境良好，配以英国 cp-55 道尔贝立体环音设备，成了声、光、座（有高级软座 1011 个，其中楼座 320 个，池座 691 个）和空气调节俱佳的特级影院（图 7)。还另辟 100 多个座位的椰林咖啡厅，装潢豪华、陈设典雅。重新营业后放映美国立体声影片《超人》及《霹雳舞》，赢得了很多观众，平均上座率达 89.15%。当年票房收入突破百万元大关。1991 年 9 月又增辟全部进口设备，冷暖气齐全，设有 16 只双软座的豪华微型录像厅。同年 12 月 14 日新华成为全市首批特级影院之一。1990 年以降，新的娱乐方式，如卡拉 OK、VCD、录像带等风行，极大冲击了电影市场。看电影的人少了，影院的经营萧条凄惨，新华电影院最终抵不住新浪潮的冲击，于 1994 年被拆除，走完了它 80 年的风雨历程。

①:《申报》(1926年4月1日，本埠增刊第二版）剧场消息《中央影戏公司今日开幕》
②:《申报》(1943年1月15日，第6版)广告《大华大戏院启事》

沪上首家正规电影院小考

NAPOLEON
BONAPARTE

THE Grand film of the well-known above-named, will be shown on WEDNESDAY and THURSDAY at the

COLON CINEMATOGRAPH.
112a. CHAPOO ROAD.

We beg to notify the Public that box seats are now fitted throughout with electric fans (COOL and AIRY).
Seats can be reserved when notified.

PRICES OF ADMISSION:
Reserved Seats $1.00
First Class $0.60
Second Class $0.40

August 21, 1907.

图1 112a CHAPOO ROAD COLON CINEMATOGRAPH. The North-China Daily News(1864-1951) 1907年8月21日[001版]

20世纪30年代，胡道静先生在《上海电影院的发展》（以下简称胡文）中写道："上海开始有电影院是20世纪第一个十年的事情。发动者是西班牙人雷玛斯。雷氏最初到沪的时候，大约是在1903年（清光绪二十九年），带了一架半旧的电影放映机与若干卷残旧的片子，另外雇了几个印度人拿着铜鼓和洋喇叭，每天在福州路昇平茶楼大吹大擂地闹着。对看客们每人收钱三十文。数年后，雷氏因大获利润，于是在海宁路乍浦路口建铅皮影戏院一所，仅容二百五十座，即今之虹口大戏院。后又在海宁路北四川路口建维多利亚影戏院，装饰甚为华丽，这是上海有正式电影院的第一声。"文后附有上海各电影院记录（次序依创设的先后排列），虹口大戏院排列首位①：

> 虹口（HongKew）这是上海第一家电影院，位于海宁路乍浦路口。西班牙人雷玛斯（A. Ramos）设。一九〇八年（清光绪三十四年）开幕，第一次开映的片子是"龙巢"（The Dragon Nest）。

迄今为止，已出版的方志类书以及记录早期电影院的文章涉及上海首家影院的话题皆采纳胡文的说法。但读罢胡文及附录，笔者仍有几个疑问：其一，这座影戏院开业登记的初名？其二，开幕时间（年月日）？其三，它与1913年6月开业的东京影戏园有否传承关系？

带着疑问，我反复查了《申报》《时报》和《新闻报》等各大中文报刊，但始终未果。直到我用《字林西报》（英文报）来搜索目标时，才找到寻觅已久的答案（图1）。

在1907年8月21日《字林西报》第1版中，有条影片预告广告，揭开了乍浦路112号影院的初名"Colon Cinematograph"（音译：科隆影戏园）：

NAPOLEON BONAPARTE

THE Grand film of the well-known above-named, will be shown on WEDNESDAY and THURSDAY at the

COLON CINEMATOGRAPH.

112a. CHAPOO ROAD.

We beg to notify the Public that box seats are now fitted throughout with electric fans (COOL and AIRY).

Seats can be reserved when notified.

Prices of Admission:

Reserved Seats------- $1.00

First Class----- $0.60

Second Class---- $0.40

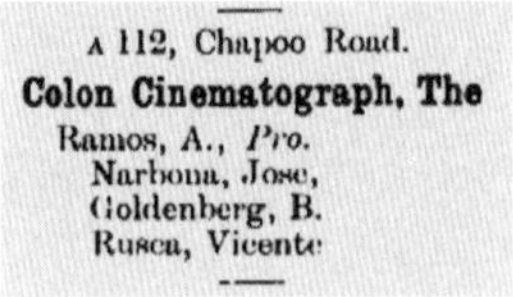
A 112, Chapoo Road.
Colon Cinematograph, The
Ramos, A., *Pro.*
Narbona, Jose,
Goldenberg, B.
Rusca, Vicente

图2 Colon Cinematograph，科隆影戏园，乍浦路112号 Ramos, A., Pro. The North China Desk Hong List 1908年1月[0078 版]

从上面开幕影片预告中获悉，科隆影戏园正式开幕时间为1907年8月28日（星期三），首映影片《拿破仑·波拿巴》②；又从1908年1月《字林西报》查得“科隆”行名登记，其业主为“Ramos, A., Pro”（安东尼奥·雷玛斯）③（图2）。另，在《字林西报》的开幕预告广告和行名登记中均无影院座位数。但是，1919年，上海工部局曾对当时租界内的电影院进行了调查统计，当时虹口影戏院座位数是569个④。从“科隆”预告中还获悉，影院内部设有包厢，夏季在包厢内装有电风扇，院内既凉爽又通风。可见，当时科隆影戏园虽不算豪华，但其规模中等，设施尚佳，是一座正规影院，不是胡文中说的那种铁皮搭建的、且只有二百五十座的简易影院。

从《字林西报》和《申报》广告和报道中还获悉：1907年8月至1910年7月间，以“A112, Chapoo Road”地址（乍浦路112号A）登记的是科隆影戏园；1910年9月至1912年间，科隆影戏园原址上为维多利亚跑冰场(Victoria Skating Rink)⑤；1913年至1922年间，

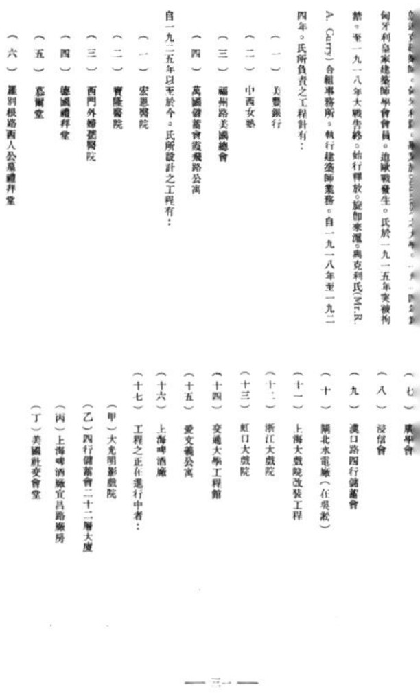
匈牙利皇家建築師學會會員。迨歐戰發生。氏於一九一五年實被拘禁。至一九一八年大戰告終。始行釋放。旋卽來滬。與克利氏(Mr. R. A. Curry)合組事務所。執行建築師業務。自一九一八年至一九二四年。氏所負責之工程計有：
（一）美豐銀行
（二）中西女塾
（三）福州路美國總會
（四）萬國儲蓄會霞飛路公寓
自一九二五年以至於今。氏所設計之工程有：
（一）宏恩醫院
（二）寶隆醫院
（三）西門外婦孺醫院
（四）德國禮拜堂
（五）慕爾堂
（六）羅別根路西人公墓禮拜堂
（七）[illegible]
（八）浸信會
（九）漢口路四行儲蓄會
（十）閘北水電廠（在吳淞）
（十一）上海大戲院改裝工程
（十二）浙江大戲院
（十三）虹口大戲院
（十四）交通大學工程館
（十五）愛文義公寓
（十六）上海啤酒廠
（十七）工程之正在進行中者：
（甲）大光明影戲院
（乙）四行儲蓄會二十二層大廈
（丙）上海啤酒廠宜昌路廠房
（丁）美國社交會堂

图3 1933年3月出版，《建筑月刊》第一卷第五号第13页，邬达克小传

图5 1947年《上海市行号路图录》上册图30截图。乍浦路388号海宁路口，虹口越剧场

雷玛斯又将“科隆”租给了日商，影院改名东京活动影戏园（Tokyo Cinema)；1922 年，雷氏收回影院经营权，更名虹口影戏院（Hongkew Cinematograph）⑥。1926 年之后，雷玛斯在乍浦路原址上重建影院建筑（由匈牙利人邬达克设计⑦）（图 3)，于 1928 年 9 月 8 日重新开幕，放映战事巨片《战地鹃声》(图 4)。由此可见，上海首家影戏院的初址为乍浦路 112 号 A，开幕时间为 1907 年 8 月 28 日，虹口大戏院最初的院名叫“Colon Cinematograph（科隆影戏园）”，除了其中约两年时间租给维多利亚跑冰场外，一直在经营影戏主业。

1903 年至 1906 年间，雷玛斯经历了在青莲阁茶楼进行定点放映电影的初创期后，淘得他人生第一桶金，准备建造一座专业影院。基于对租界、华界的人文、经济环境综合考量，他将上海首家影院地址选定虹口乍浦路 112 号 A。雷玛斯的电影帝国事业发轫于此。

雷玛斯在1931 年回国前，将属下夏令配克、维多利亚、万国、卡德、恩派亚五大影院转让给华商，唯独留下“虹口”(图 5)。可见，虹口大戏院在雷玛斯心中的地位无与伦比，它是一颗“种子”，开启了他的电影发财梦；他即便离开了上海，离开了电影业，也要留个念想。

①：胡道静“上海电影院的发展”(《上海研究资料续集》上海书店1984年12月版，第533-534页，第541页)

②： 112a CHAPOO ROAD COLON CINEMATOGRAPH.The North-China Daily News(1864-1951) 1907年8 月21 日 [001 版]

③：Colon Cinematograph,科隆影戏园，乍浦路112号 The Ramos, A., Pro. The North China Desk Hong List《字林西报》行名录 1908年1月[0078版]

④：总办致哈钦森信及附件（1919年12月17日工部局总办处卷宗，上海档案馆档案藏，档号U1-3-27，6-7页。）

⑤：OWING to the elaborate preparations necessary for staging its dramas at the Victoria Skating Rink the Japanese Theatrical Company has postponed the opening of its season from to-night until Friday.The North-China Daily News(1864-1951)，1910年9月6日[007版]

⑥：Hongkew Cinematograph，虹口影戏园，乍浦路112号A。The North China Desk Hong List，1922年1月[0124 版]

⑦：1933年3月，《建筑月刊》第一卷第五号第13页，邬达克建筑师小传

图4 1932年，虹口大戏院

上海京戏馆“案目”的那点事

所谓“案目”（又称“按码”“案马”），说得通俗点，即早期京戏馆“接生意的人”。他们受雇于戏馆，得先向老板缴纳一笔押柜费，各戏馆押柜费数目不等，至少一百元，多者达数百元，甚至近千元。一般戏馆会雇二十人做案目，并指定一位做案目头（俗称大案目），负责拉拢顾客、分包戏票及座位（上佳座位由大案目包揽）。在荣记大舞台于 1931 年率先试行“对号入座”制之前，旧京戏馆售票一直采用案目制（图 1）。

清末民初，富家子弟都不屑泡游戏场，其唯一热衷的娱乐节目就是看京戏，他们爱孵京戏馆，乐在其中，乐不思蜀。上海开埠不久，老城厢内县前街（今四牌楼路处）创办了第一家戏馆三雅园。1867

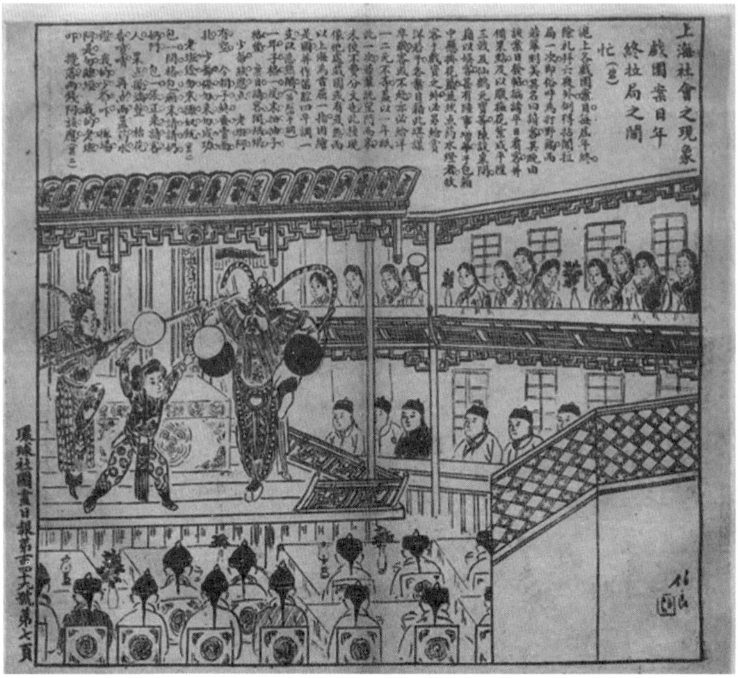

图1 上海社会之现象，戏园案目年终拉局之闹忙（碧）《图画日报》1909 年［第149期，7页］

图2 清末，老上海京戏馆。片中台上悬挂的“三门街”是剧名。

年（同治六年），京剧正式南下上海，在英籍华人罗逸卿建造的“满庭芳”戏园登台演出，得到了上海市民极大青睐。这些老城厢内早期戏馆老板大多为衙门中人，后来在城外租界上开设戏院的，又都是巡捕房中得势的包探等。他们凭借黑恶势力，尽做些“空麻袋背米”的无本买卖，办戏院起步资本主要来自案目们的“押柜费”。于是，“案目”制应运而生。戏馆老板将高价（前排）位子戏票分包给手下若干案目，而案目包下的位子即使卖不完，老板仍按分包票数收钱，亏盈由案目自担，留下若干低价（后排）票归戏馆门售。

早期京戏馆多为茶园，如天仙茶园、丹桂茶园等[①]（图2），除楼上有并列座位外，楼下像个池子，摆放许多方桌，供顾客看戏喝茶。顾客进戏馆（茶园）买的不是戏票，而是竹制长筹子（类似过去混堂洗澡或老虎灶泡水时买的筹子），由一位职员带领入座，这种职员其地位高于茶役，又不等同于后来戏院中的领位员，因为他是按照手中筹码而为顾客安排座位的，故称“按码”。久而久之，戏馆变为专营演戏的戏院，筹子改为戏票，“按码”不知何时叫成了“案目”（谐音），其地位作用因与老板合作越发密切而逐步提高。既然承包了戏票，案目自有觅取利润之道。一般人以为，案目会通过提高票价来赚取差价，其实不然，因为戏票价格除刊在日报演出广告上外，还会印在戏单上，无法更动，案目们除了拿到九五折戏票外，会在为顾客供应茶水、糖果及点心等服务上，赚取贵于市价数倍之

①：经查《申报》，1905年3月10日（春仙茶园）、1908年2月18日（天仙茶园）、1909年6月28日（春桂茶园）均有京戏《三门街》演出之广告。故，图2可能就是这三家中的一家茶园之内景。

利润。早期戏馆座椅背后，照例装着一块狭长木板，板上挖了几个洞，用来安放茶杯。台前十排座位，木板上都披有红绸布，放着瓜子、花生、甘蔗、蜜饯等供顾客消闲之用。每逢太太、小姐们光临，案目还备有好多小木凳，可供她们搁脚。阔佬们若想看戏，只要吱一声，案目自有好位子为他们留着。案目在服务上煞费苦心，体贴入微，还有不少小费可赚。至于那些得不到案目特别关照的散客，则只能远远地坐在边角处，或坐在二层楼后排或三层楼上，而这种偏远位子，反而要提前去戏院门口排长龙轧票才能买到。这些案目交际能力很强，除营业时在戏馆门口接引熟客外，在开锣时，还要拉拢生客，他们腋下夹着一叠戏单，口里则喊着来客身上的标志，譬如说："那位戴铜盆帽的请到我这里来"，又譬如喊道："那位穿马裤呢大衣的请到我这里来"，经他这么喊过后，他便有接待优先权，别人就不可再行争取。案目们更多伺客功夫在戏馆外，他们常出入富家寓所，为那些常来看戏的太太小姐们，送戏单或戏票上门，还利用已有常客资源，结交更多有钱人家戏迷，扩充其客户群。这些阔客，用钱出手大方，何况那时惯例，有面子的老客户，无论看戏或饮食，不是每场结账，而是一年分三节结账，到了节边和年底，案目开出消费清单，向客户轮流收取，即使开一些花账，阔客们大都照付如常。因此，案目们每年收入相当可观。评弹名角蒋月泉先生的父亲蒋仲英老先生曾经也做过"案目"行当，且是一位大案目。据蒋月泉生前回忆："梅兰芳来沪演出近40天，做大'案目'的父亲与同行集资给戏院老板请角儿，推销戏票，确实赚了大钱。后来，他抽上鸦片，家道中落，把业务交予跟班韩小毛，便举家迁至房租低廉、靠近中法学堂（今光明中学）的瑞庆里。"当时，案目与戏馆老板休戚相关，戏馆邀不到名角，案目也做不到生意，因此由案目垫款，协助老板邀角之举，时有发生，不过以那次邀梅兰芳、杨小楼南下演出之运作，其声势最为浩大。1921年，老天蟾舞台租期将尽，许少卿在尚未续约之前，北上帝都再次邀请梅兰芳南下，梅先生于次年5月如约而至。这次邀梅南下，也是案目们全盛时代值得自豪的壮举，但也可以说是案目制的回光返照。从此以后，案目陋习遭新派人士诟病，改革呼声渐长，终由式微走向末路，被“对号入座”制取而代之。

坊间盛传改“案目”为“对号入座”制，始于黄金大戏院，其实不然。最早尝试“对号入座”制的是荣记大舞台，时在1931年。大舞台在开演广告中明示：“凭票入座，不用案目。仿照影戏院办法，凭票入座，招待周到，不用案目，毫无额外需索。”随后跟进的有齐天舞台（后改名为共舞台），从“不用案目，不收小账”（1933年）（图3），到“废除案目制，预先售戏票”（1935年）仅用了两年时间。抗战时期，黄金荣将黄金大戏院经营权交与金廷荪（具体事务由其子金元声操办），加之孙兰亭、汪其俊、赵培鑫、吴江枫，号称“黄金五虎将”，诸人推举孙兰亭为经理，他们年少气盛，上任第一件事便是向案目们开刀，撤销案目制，实施“对号入座”，其理由有三：其一，案目巴结少数权贵（戏迷），具有人脉源，无形中成了影子“老板”；其二，戏院老板如今资力雄厚，用不着案目们垫资，也不靠押柜费来经营戏院；其三，废除案目，可以免去中间盘剥，减少观众经济负担。因此，五虎将接管黄金大戏院后，遂取消案目制，正式实施“对号入座”制。“黄金五虎将”改革售票制之后，案目制大势已去，无回天之力。从此，有约70年历史的案目行当寿终正寝，消失在历史尘海中。

图3 《申报》1933年4月8日齐天舞台广告，废除案目

二、行号旧档

王睿谟、王才运父子与荣昌祥

王睿谟，又名滨谟，浙江奉化江口镇王溆浦村人，出生裁缝世家。鸦片战争后，宁波辟为通商口岸，奉化手艺人（以做裁缝居多）大量流入，以致宁波城内“僧多粥少”，迫使许多人背井离乡移居上海讨生活。王睿谟就是早期来沪闯荡的奉化裁缝之一（图1）。

图1 荣昌祥创办人王睿谟、王才运父（上）子（下）

清末，上海滩西服渐成风尚，王睿谟遂改行做西服。刚开始，王睿谟一帮裁缝拎着裁缝工具，到轮船码头或外侨公寓兜揽生意，先修补洋服，渐渐地掌握了做西服的方法。但他们做工还不够精细，做出来的西服被人嘲笑为“洋泾浜货”。于是，王睿谟决定走出国门，深造西服技艺。1885年春节过后，年近40的王睿谟在虹口公和祥码头登上去日本东京的轮船，去宁波老乡张方城祖父张尚义先生在东京创办的同义昌西服店做学徒。王睿谟东京学艺时，日本正处明治维新后期，他适逢其时，不仅学到了西服制作技术，而且还扩大了视野。王对当时英、法、日式各派西服技艺比较学习，从而奠定了日后回沪开创海派西服的基础。王在东京“同义昌”学生意时，有幸结识章太炎，并为太炎先生量身定制“长衫式和服”（章自称“太炎服”），深得章先生赞许。1900年岁末，王睿谟学成回沪，在西藏路近南京路口亿鑫里附近开店，取名为“王荣泰洋服号”（图2）。王荣泰店面虽小，但做工不输洋行正宗货。黄楚九闻名赶来“王荣泰”定制西服，王不负期望为黄制作了造型俊美的三件套西服。从此，“王荣泰”名声远扬，生意兴隆。王睿谟开店后，人到中年的他深感精力不济，就把正在南京路广货店做学徒的儿子王才运叫回身边，协助他经营西服号。王才运天资聪颖，在父亲的言传身教下，很快学会了西服制作技术和经营手法，且能独当一面。

图2 荣昌祥早期店面

不久，“王荣泰”迁址南京路，王才运圆了父亲的梦。1902年春，虞洽卿登报拍卖南京路西藏路转角处一幢三层楼八开间店面。王才运闻讯大喜，感到实现阿爹（宁波人对父亲的称呼）在南京路上开店夙愿的机会到了，哪怕借高利贷也要盘下这处店面！虞洽卿被王睿谟、王才运父子之诚意所感动，加念乡谊，遂以优惠价且分期付款售与王家。是年冬季，“荣昌祥”开张！荣昌祥开张之初，就成为英商怡和、孔士两家洋行独家经销商，且进货可“赊账”。这为荣昌祥迅速崛起创造了条件（图3）。

荣昌祥开南京路西服号业之先，喜好赶时髦、轧闹猛的上海人自然不会错过逛店尝鲜机会。顾客走进荣昌祥，先在一楼商场陈列各式洋装中选样，随后上二楼选购进口呢绒布料，最后登三楼，把衣料交裁缝师傅制作西服。三楼工场间中胜家缝纫机格外引人注目。1851年，美国人列克查·梅里特·胜家发明制造了缝纫机，取名“胜家”。荣昌祥通过美商华革和洋行进口胜家缝纫机，成为胜家首个中国用户（图4）。王才运未雨绸缪，注重培养学徒，在工场间隔壁专

图3 1920年代，南京路西藏路东北转角处，荣昌祥西服店

图4 1937年，南京路西藏路东北转角处，荣昌祥号，对面是新世界北楼

辟技工学堂，从老家招来一批十二三岁孩子，他们在学堂既学技术，又学文化。由于劳累过度，王睿谟在荣昌祥开业后不久便病倒了，家业重担落到其子王才运身上。在荣昌祥初创时期，王才运就萌生扩展西服市场念头。他以分红形式，资助追随他多年的门生在南京路开西服店。1911 年末，王才运资助爱徒王和兴，创办“王兴昌”（南京路 807 号）。翌年，门生王廉方创办“裕昌祥”（781 号）。之后，王才运又资助徒弟王辅庆、王来富、王士东分别在南京路开设“王顺泰”（791 号）、“王荣康”（815 号）、“汇利”（775 号）三家西服店。至此，南京路上有“西服六大家”（图 5）。到了 1916 年，荣昌祥资产已超十万银圆，成为上海西服业巨头。1925 年五卅惨案后，王才运毅然弃业归乡，荣昌祥西服号交门生王宏卿打理。

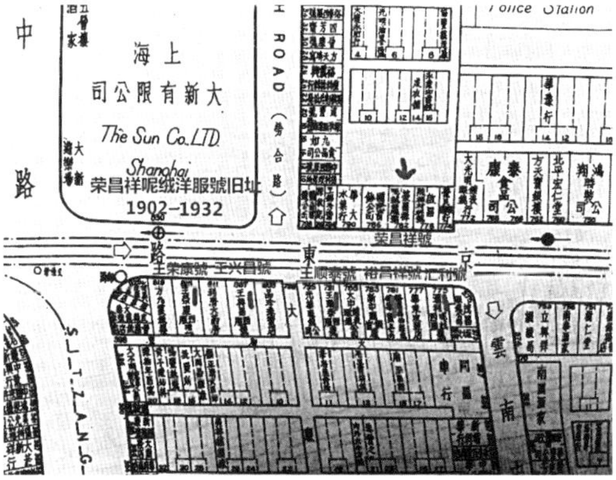

图5 南京路近西藏路口，南京路830号大新公司，72号荣昌祥呢绒西服店。815号王荣康，807号王兴昌，791号王顺泰，781号裕昌祥，775号汇利。1947年版《上海市行号路图录》截图

长兴园：经营了三代的老虎灶

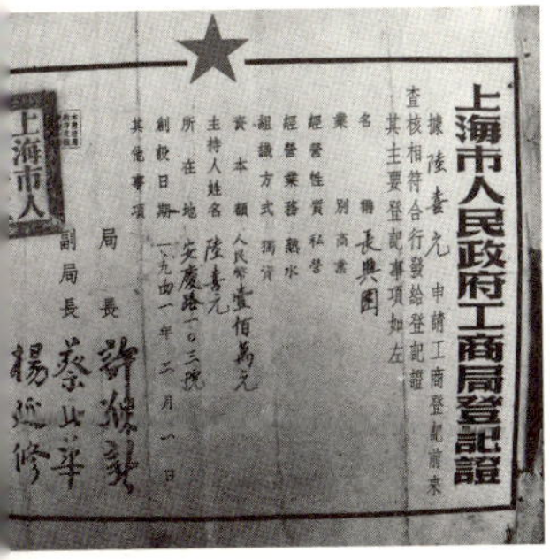
上海市人民政府工商局登記證
據陸喜元 申請工商登記前來
查核相符合行發給登記證
其主要登記事項如左
名稱 長興園
業別 商業
經營性質 私營
經營業務 熟水
組織方式 獨資
資本額 人民幣壹佰萬元
主持人姓名 陸喜元
所在地 安慶路一〇三號
創設日期 一九五一年二月一日
其他事項
局長 許滌新
副局長 蔡北華 楊延修
上海市人

图1 1951年长兴园熟水店营业执照

找到“长兴园”并结识陆明伟师傅，缘起于我近六年来对老字号、老行当的不断寻觅。与业主陆师傅几经往来，彼此颇为投契，也就常有机会听他讲述这爿至今仍在营业的老虎灶的陈年旧事。

南通来到上海　燃起谋生灶火

“长兴园”老虎灶坐落于虹口安庆东路103号，靠近江西北路口，是陆家经营了祖孙三代的熟水店，灶膛里火焰燃烧已将近80年。20世纪30年代末，陆明伟爷爷陆喜元为生活所迫，拖着三个儿子，从南通来上海讨生活。当时上海滩老虎灶十有八九为南通人所开，经同乡指点，他也入了这个行当。最早是在江西中路（四川中路599号青年会后面）上的一条弄堂口，租赁经营一爿老虎灶，几年下来攒了些钱，就用40两黄金顶下安庆东路103号这间街面房，开办了“长兴园”老虎灶（图1）。对爷爷当年的选址，陆师傅至今十分佩服：“这里地属虹口，人气很旺，一旁是江北弄，新中国成立前里厢住的大多是拉黄包车或掏阴沟的劳苦大众，再过几条马路就是闸北老北站，人来客往邪气闹猛，又紧靠北四川路，离南京路也不远。这里居民密度一直很高，日常生活离不开老虎灶。”

旧上海开店面的，想要站住脚，都要“拜码头”（又叫“拜老头子”），开老虎灶也不例外。“听父亲讲，爷爷除了送见面礼，每年‘老头子’生日还要凑点份子钱。”陆师傅说，“记得有一趟，几个地痞流氓带了一帮残疾军人，来老虎灶敲竹杠，爷爷当场报出‘老头子’大名，对方立马拱手而退。”日子虽然过得蛮艰辛，但至少能保得平安和温饱。

陆家搬来前，沿街已开满小店铺。差不多辰光，附近先后开出

图2 1958年8月7日，虹口区饮食业整风第七组全体同学留念，第二排左起第四位为陆明伟的父亲陆俊章

好几家老虎灶，经营模式大致相同：一楼是泡水、喝茶，后间兼营盆汤（洗浴），二楼住人。然而陆家很快站稳了脚跟，很多街坊邻居都成了他家常客。常客中有一位“爷叔”，就是沪上滑稽名家杨华生的父亲。新中国成立前“爷叔”就是“长兴园”的常客，几乎每天早晨必来老虎灶报到，20世纪60年代手上还拎着个半导体收音机，那时收音机还是稀罕物，很惹眼的。他笃悠悠边走边听，人还没到，那收音机的声音早已传进了老虎灶，大家都晓得“爷叔”来了。“爷叔”坐到桌旁，掏出自带的茶叶，泡壶水，静静地品啜。他闲话不多，人特和气。若“爷叔”哪天有事没来，大家还免不了一阵牵挂呢(图2)。

一次意外事故　让他承袭父业

据考证，老虎灶始于上海小刀会时期，民众为躲避战火，纷纷往城外租界跑。当时百姓大多用不起煤球炉，家里烧水很不方便，于是老虎灶应运而生。在旧上海，老虎灶也不是随便可以开的，没有“垒起七星灶，铜壶煮三江”那般应酬之道，没有像开水一样滚烫的好人缘，往往无法站稳脚跟。老虎灶也是个老行当，它有行业组织，即熟水商业同业公会。新中国成立后，熟水店由私营改为街道托管，仍由私人经营；1970年始，老虎灶转制集体所有，由各区饮食公司管理；20世纪80年代后，大多改为私人承包经营。

经营老虎灶十分辛苦，用陆明伟的话说，开老虎灶是没日没夜的苦生活。一年四季，无论春夏秋冬，每天早晨四五点钟，天还蒙蒙亮，便要起床开始生炉子，而到了六七点钟，则是上班族打开水的高峰。每天来泡开水的人接连不断，从清晨到深夜，附近居民、摊贩、打工仔，甚至拾荒者都会来泡水。直到晚上十一点，炉膛里火焰才慢慢熄灭。陆明伟爷爷起早贪黑，劳苦了一辈子，六十出头就中风病逝了。到了20世纪60年代，老虎灶传到了陆明伟父亲陆俊章手中。陆俊章排行老大，自“长兴园”开办以来，他一直跟随父亲陆喜元经营这爿老虎灶，现在他要独立经营，养活一家六口。

陆明伟1966年出生，在家排行老幺。眼见长辈的辛勤劳苦，陆明伟本不愿继承父业，而想另谋有技术含量的职业。可是一个意外改变了他的命运（图3）。“这桩事体，讲起来蛮心酸的。大概在三四岁辰光，我在老虎灶门口白相，这时正巧遇上一个小姑娘泡的一瓶开水炸开，滚烫的开水灌进了我的头颈。当时正值冬天，我朦胧中记得，被开水烫得一下子失去了知觉。大人立刻送我进苏州河旁边的第一人民医院治疗。直到初中毕业，看看自家身上留下的疤痕，觉得生理上有缺陷，进不了好单位，就听从父亲的话，接手了老虎灶。”

图3 2010年3月12日，“长兴园”第三代传人陆明伟师傅在整理柴火。无田摄

陆明伟讲完这段伤心往事后，轻轻地叹了一口气。

1985年，19岁的陆明伟开始接手祖传的“长兴园”。陆师傅接手时，老虎灶已转为集体所有制，属乍浦熟水中心店第七门市部。从此，每天清晨听到那台三五牌台钟敲响四下，他就该起床了。老虎灶的开水从两分钱泡两瓶，到如今三毛钱一瓶，无论怎么涨价，物价都将它远远抛在后面，但水依然要滚烫！为此，陆明伟想尽办法节约成本。现在，老虎灶仍以木材为主燃料。陆明伟只要一有空，就去收集废弃的旧家具，或捡拾别人丢弃的木料；街坊邻里有时也会送他一些废木料。只要从江西北路拐进安庆东路口，你就能看见一排排堆放整齐的木料，这些都是陆师傅平日累积的老虎灶“口粮”。“只有这个老虎口吃饱了，我全家才可以温饱。”这对陆明伟来说就是硬道理（图4）。

图4 2010年5月21日，安庆东路居民在长兴园熟水店泡热水。老虎灶灶头已改成竖圆桶状，前端安装两个放水龙头。无田摄

行业已入晚景　去留尚存悬念

20世纪80年代后，上海的老虎灶行当逐渐走向衰落。在老虎灶纷纷关闭歇业状况下，为什么“长兴园”和它的名字一样，还能生存下来？陆家隔壁老邻居盛老伯道出其中缘由：“这里的街坊大多生活困难，经适房买不起，廉租房租不起，整日为生计奔波。自己烧水太吃力，还是到老虎灶泡水划算。七浦路的摊贩也是这里的常客，晚上收了摊，潮水般涌来，在老虎灶门口排起长队。有时候，拾荒者来讨口热水，陆明伟是从来不收钱的。”

“大家需要老虎灶，所以还开着。”作为“长兴园”第三代传人，陆明伟一干就是二十多年。前不久，他为老虎灶换了个大汤罐，花掉5000多元，因为女儿念高中以及将来考大学的钱还得指望老虎灶。如今人到中年的陆明伟还在继续干他的老行当，但城市改造的滚滚大潮能否留下这座目前保存较完整的传统老虎灶，还是个未知数。

前些年，媒体纷纷报道，市中心最后一个老虎灶已经熄火并拆除。实际情况却并非如此。根据我的走访记录，截至2011年，在上海市区除了陆明伟的“长兴园”外，尚存8家老虎灶，分别位于彭泽路47号、梅溪弄47号、东台路117号近自忠路口、贵阳路389号、定海路336号、中山北路中兴村、漕宝路191弄高家浜内、田林路109弄乔家塘内。这些老虎灶，大多已经易主，改由外地人承包经营，灶头也已改装。像陆明伟这样仍在经营祖传老虎灶的，可以说是绝无仅有了。笔者正撰稿时，接到陆明伟打来的电话，说因环境污染问题，最近环保部门正找他商量老虎灶的去留。看来，“长兴园”也是命运未卜，不容乐观。

图5 2013年12月20日上午九时，安庆东路103号长兴园老虎灶被拆现场1。无田摄

尾声

2013年12月20日上午九时，老上海承传至今的最后一家老虎灶，安庆东路103号“长兴园”（创办时字号）的大炉子被拆除，即上海传统意义上的老虎灶消失了（图5—图7）！从今往后，只能从影像或记忆里追寻老虎灶。就像没有将上海首家戏影院虹口大戏院保存并打造成电影博物馆一样，虹口又一次失去了最后一家老虎灶。之后，陆师傅又花了几千元买了一台电炉继续对外供应热水。但不久，此片旧区改造启动，陆师傅一家被动迁他处，陆家祖传三代的老虎灶终于关闭！

图6 2013年12月20日上午九时，安庆东路103号长兴园老虎灶被拆现场2。无田摄

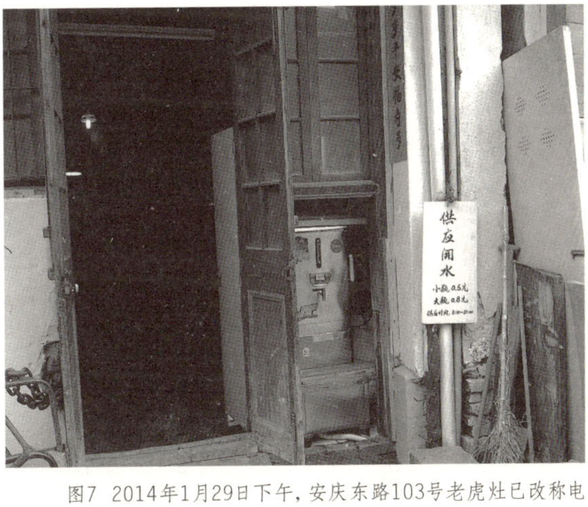

图7 2014年1月29日下午，安庆东路103号老虎灶已改称电炉。无田摄

老字号点心店北万新前世今生

说起卢湾饮食店老字号，不能不提“北万新”。但查《上海地方志》卢湾篇，却找不到有关“北万新”的介绍文字。直到《卢湾区志》续编（1994—2003年）出版，才见《2003年卢湾区“名、特、优”商业企业情况表（二）》中带了一笔：“北万新点心店，1956年开业，1998年股份合作”。1956年很可能就是北万新公私合营时间，而编志人将其写成开业时间了。难怪在卢湾老字号里不见北万新身影。这种疏漏在《上海地方志》里并不少见。现从《申报》（1928年2月11日）一则声明得悉，陈瑞宝受盘北万新糕团铺，并改名北万新发记。《受盘声明》记录如下：

图1　巨鹿路245号，北万新糕团面馆。1949年版《上海市行号路图录》截图

> 兹有坐落长浜路陆家观音堂对面北万新糕团铺，各股东无意营业，所有全副生财店基招牌装璜一切等物，挽中完全推盘与陈瑞宝为业。所有前北万新往来账目人欠欠人以及代人作中担保抵押等情如有纠葛均归前北万新完全负责，概与北万新发记丝毫无涉，恐未周知特此登申新两报声明。
>
> 陈瑞宝启

图2　福煦路226—228号，北万新号。1939年版《上海市行号路图录》截图

从1939年版《上海市行号路图录》上，找到一爿“北万新西号”，位于巨籁达路（今巨鹿路）335—337号近圣母院路（今瑞金一路）口。而在1949年版《上海市行号路图录》上，这家“北万新”还在，但改名为“北万新糕团面馆”了，且门牌号也变了，图上标识巨鹿路243—245号（图1）。如今的门牌号延续下来，北万新食苑还是245号。有西号就不止一爿。果然，在《上海市行号路图录》上又找到北

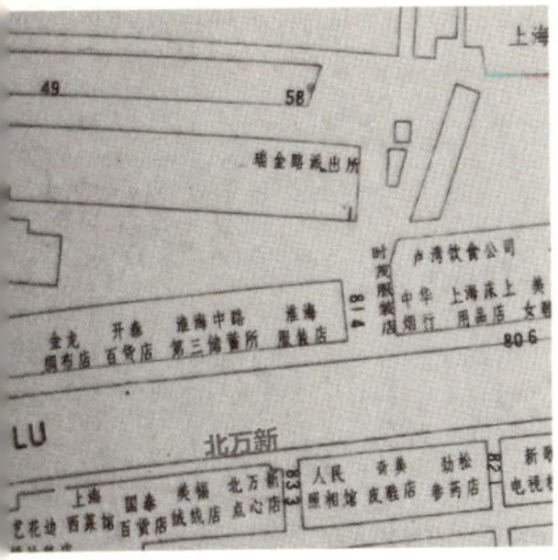

图3 1989年商用地图中的北万新

万新号（图2），即上述《申报》声明中提及在长浜路陆家观音堂对面(旁侧)的北万新糕团铺(门牌号也变过)。从《受盘声明》发布的时间来看，北万新迄今已有90多年历史了，是名副其实的老字号点心店。

20世纪80年代，淮海中路国泰电影院对面有家北万新点心店(图3)。当时，店里推出的鸡肉月饼（鸡肉73%，精肉27%。每只半两售价一角五分），吃口酥嫩，颇受顾客好评。另外，排骨年糕也是北万新一大特色。该店自制年糕滑糯，排骨鲜嫩，卤汁适中，还送蛋皮汤一碗。20世纪50年代，笔者家住瑞金一路巨鹿路口同康里，与北万新西号仅一路之隔，问家人他们已记不清当时北万新的模样了。前几年在外“扫街”，路过北万新总会进去吃碗面或点上一盆排骨年糕。尽管店堂破旧，坐在其中，仍感自在（图4）。

图4 巨鹿路245号，北万新近貌

老上海三大浴池之日新池

1924年11月3日，恺自尔路（今金陵中路）敏体尼荫路（今西藏南路）口西南转角处，黄金荣将原址房屋改筑一新，日新池浴室暨茶社开张（底层日新池，二楼日新茶室）。不久，此处市口日渐兴旺，遂成闹市，黄见状转念在此开了爿戏院。20世纪20年代末，黄将日新池迁往不远处的维尔蒙路（1943年改名为普安路），就在原址建造黄金大戏院，并于1930年1月开幕。日新池移址维尔蒙路169号后，黄金荣无暇顾及，并将经营权交给其徒弟舒长泰。20世纪30年代初，舒长泰又将日新池浴室盘给家住维尔蒙路183号的华、租两界粪大王、川沙人马福祺（1924年去世）之妻阿桂姐（又称阿贵姐），至1937年，阿桂姐及长子、次子相继过世后，由其三子马鸿根掌控日新池（粪大王马福祺与阿桂姐生有三子，长子马鸿魁、次子马鸿生、三子马鸿根），改称为日新池鸿记浴室（图1）。

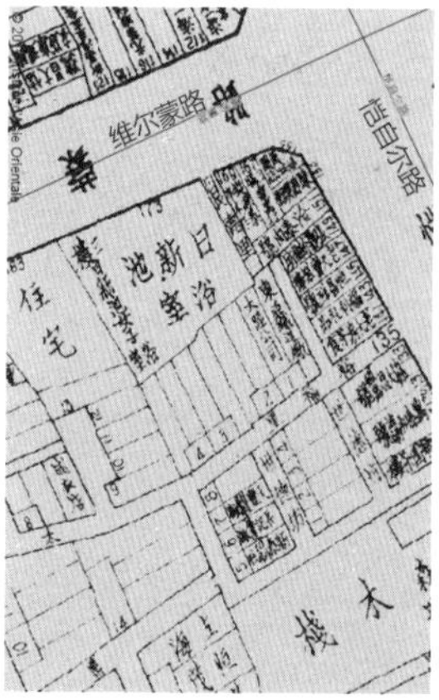

图1 维尔蒙路169（普安路）日新池浴室，三楼女子浴室

阿桂姐生性泼辣、敢作敢为，日新池开张之初，就让家中女眷近水楼台先汏“头汤”。日子久了，外有所闻，男浴客付了相同铜钿老是汏勿到“头汤”，深感不爽，就不愿光顾日新池了。按传统讲法，汏女人“剩汤”晦气。坊间盛传，见浴室营业不景气，阿桂姐一不做二不休，干脆让出三楼住房，办了一家女子浴室。现将《申报》（1937年5月17日，第12版）报道记录如下①：

> 法租界维尔蒙路一六九号门牌日新池浴室主人马鸿根君、以沪上女子浴室、在浙江路四马路南首龙泉浴室楼上所设之女子家庭浴室外、鉴于沪地仕女如云大都趋贵族化之旅馆沐浴、对于平民化之女浴室尚付缺如、为应时什潮流社会需要普遍仕女卫生沐浴起见、特将日池浴室楼上辟作女子浴室部、已向法工部局请领执照、现正布置装璜、

图2 1948年，八仙桥日新池航拍图截图

图3 普安路日新池浴室（上海电视台《上海故事》纪录片截图）

图4 普安路日新池浴室（上海电视台《上海故事》纪录片截图）

并招雇女招待扦脚等加以训练、一俟布置就绪即当开幕、营业之期为时不远、

日新池老板马鸿根于1937年5月在日新池楼上开办女子浴室，为上海第二家女子浴室②。消息传出，轰动上海滩。新开张的女子浴室设一个大池，洋盆（浴缸）10多只，另有套房数间（图1）。日新池浴室原是黄金荣的产业，早先开在恺自尔路（今金陵中路）敏体尼荫路（今西藏南路）西南转角，楼上茶楼、楼下浴室。后来，黄将能赚更大利润的黄金大戏院选址于此。但孵混堂是黄金荣每日生活之享受，他早已习惯了这种“早上皮包水，下午水包皮”的生活，所以浴室迁址于维尔蒙路（普安路），离黄公馆（钧培里）很近。日新池浴室是老上海“三大浴池”之一（另有浴德池、卡德池），因地处八仙桥地区，加之黄金荣涉足，名声在外。黄金大戏院和日新池毗邻黄公馆东西两侧，看戏、孵混堂须臾不离，黄过着神仙般生活，难怪上海解放前夕，杜月笙劝伊去香港，伊死也不肯离开上海，还问：“香港有我想孵的混堂哦？”令杜老板哭笑不得（图2）！

据梦辉君所说，新中国成立初，本市普安路日新池楼上女浴室关闭后尚未复业，另有两处女子浴室：一处在女青年会内，一处于虬江路宝山路东首龙潭女浴室③。20世纪50年代中后期，日新池公私合营后再度开张直到1980年中期，生意一直不错（图3、图4）。后因锅炉燃料成本价上涨，浴室不堪负担，加之沐浴业后继乏人、淡旺季等因素，日新池于1989年11月停业。次年，日新池又开出男子浴室，为本市首家矿泉脉冲浴室，并设按摩、美发室。1992年后，日新池又是合资搞沐浴服务中心，又是开娱乐总汇（因涉嫌拉客陪酒等色情服务而被公安勒令停业整顿3次）。日新池看似热闹了几年，只不过是走向末路的回光返照，与本市大多数浴室一样它很快就消失了。

①:《申报》(1937年5月17日，第12版）报道《马鸿根创女浴室》
②:《申报》(1927年6月21日，本埠增刊一）报道《龙泉女子浴室内特辟女子剪发部》
③:《新民晚报》(1951年2月23日）虹《女浴室本市有二处》

德大饭店初址考

2013年7月，为核实德大西餐社初址，又特意走访塘沽路175号。此地早已变民居了（175号），西侧一开间（177号）现由好德便利店占用。175号门紧闭着，我就走到一旁（169号）打听。真巧，这家烟纸店的主人与“德大协记”老板陈安生为同姓。年近八旬的陈师傅说，169号这家小店就是他父亲在新中国成立前开设的，字号叫“新隆”。我打开手机里的地图一看，果然图中标识“新隆商店”。我又问了他家两旁的字号，他如数家珍，都能报上老字号名，竟丝毫不差！他好奇地问我：“侬这张地图是啥辰光额？”我告诉他是1947年出版的老地图，他说：“灵额！”我算遇上老虹口了，接着就追问“德大”的前世。陈说，他那时还小（1936年生），听他父亲说，在他家斜对面南浔路（260号）上有一座教堂（虹口公教青年会），很有名气的，西北侧又有三角地菜场，这里市口闹猛，人来客往很多。“德大”老板就在175—177号开了一爿饭店，名为“德大公记伙食公司”。去教堂做礼拜的人也就喜欢在“德大”用餐，饭店一直开到新中国成立初期，就搬到四川路南京路口。陈师傅的回忆，再次确认“德大”的初址就是塘沽路175—177号。

经查《申报》悉，德大饭店南京路支店于1946年7月24日开张，其开张广告上标明总店地址：德大饭店总店虹口塘沽路177号（三角菜场对面）（图1）。但塘沽路“德大饭店”老照片除了那张经过PS处理的伪照在网上盛传外，很久找不到一张真实老照片。20世纪90年代，四川路在二楼楼梯口将伪照当真旧影展示，遭公众质疑后不得不撤下。但伪照已外传至网上，连电视台也深受其害，在纪录片中引用，误导受众。我是在网友帖子里见到塘沽路德大饭店旧影，如获至宝。网友告知此旧影是从德大老板陈安生孙辈处得到的，实

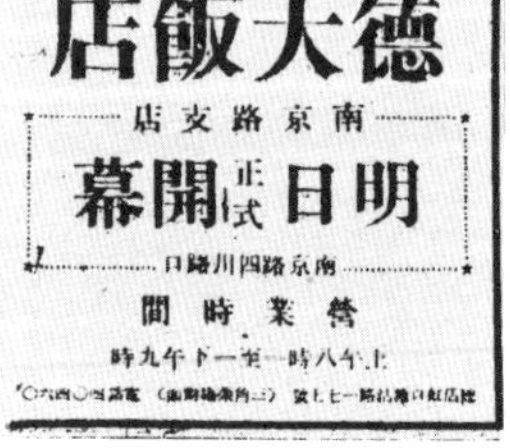

图1　德大饭店南京路支店开幕广告

图2 1946年，塘沽路175-177号德大公记伙食公司，即德大饭店旧影。德大老板陈安生后人供图

图3 1946年，塘沽路德大职工在店门口合影，右边第一位是负责糕点"蛋糕师傅"。德大老板陈安生后人供图

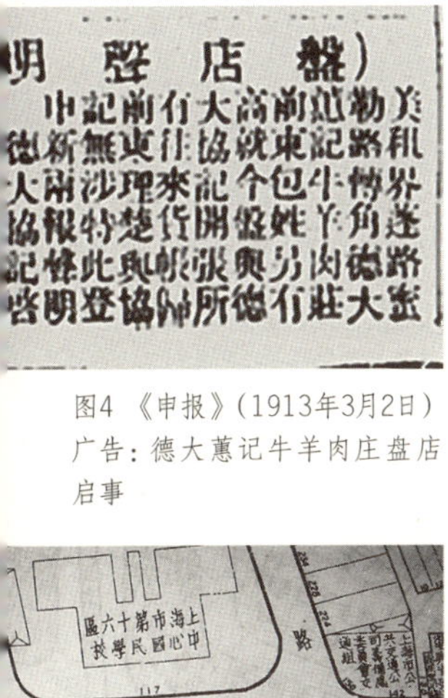
（盤店聲明
美租界蓬路密
勒路轉角德大
蕙記牛羊肉莊
前東包姓另有
商就今盤與德
大協記開張所
有往來貨帳歸
前東理楚與協
記無涉特此登
中新附報條明
德大協記啓

图4 《申报》(1913年3月2日)广告：德大蕙记牛羊肉庄盘店启事

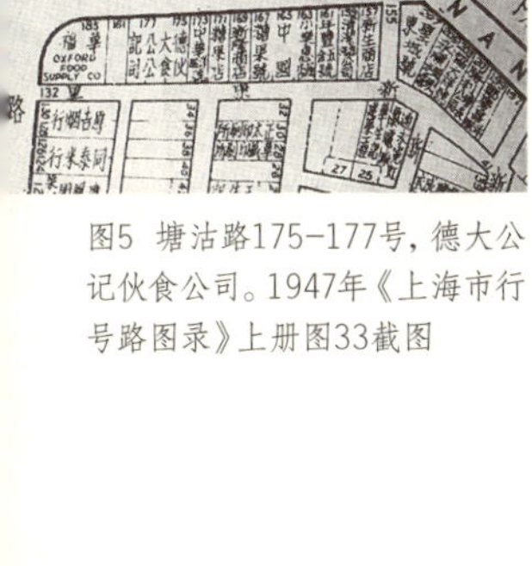

图5 塘沽路175-177号，德大公记伙食公司。1947年《上海市行号路图录》上册图33截图

属珍贵！本文将此照分享各位，还德大旧影一个真相（图2、图3）。

综合《申报》报道信息，将德大之前世今生概述如下：1910年，吴淞路德大牛肉庄主为陈松云（开张时间未查悉，可能更早）。当年，在牛羊肉同业内德大与德隆并存，故陈松云盘入德隆牛肉庄而开办德大纯属坊间误传，但不能排除陈接手其他德资牛肉庄或设备的可能。至于陈松云之吴淞路德大与包姓塘沽路德大蕙记间是何关系，未查悉。1913年3月2日，川沙顾路人陈安生盘入包姓在美租界蓬路密勒路（今塘沽路峨眉路）转角德大蕙记牛羊肉庄①，故改名德大协记（图4）。

1939年1月25日，股东周维记及"同人等因意气相投，集资创办德大公记牛羊肉庄，业已向谦源洋行租赁本埠蓬路177号门牌双幢房屋，现正装修内部，择吉开张，特先登报预启，以广招来。"②陈安生见报后，连忙委托张葆棠律师与周维记等人交涉，并登报称③：

顷据上开当事人委称安生前与友人合资开设德大协记牛羊肉庄于本埠蓬路一七七号门牌。自八一三战事爆发，本人与伙友仓猝奔避，店中货物账册均未及携走，仅以身免，损失巨大，言之痛心。数月前，派人至蓬路探望，见该屋已被日人占据，因地属禁区，无法交涉复业。兹见报载周维记等已向房东谦源洋行租赁该屋开设德大公记牛羊肉庄，似此情形该屋已无法再行收回使用，而协记未了事宜亟待解决，除将住址已明各股东专函通知外，请贵律师代表通告其余股东迅予登报日起三日内示知详细住址，俾约日磋商善后等语前来。据此合代公告如上。

陈安生见自家苦心经营二十多载的德大协记牛羊肉庄在战乱中损失巨大且已无力收回，其痛心至极可想而知。是年，76岁高龄的陈安生撒手人寰，与德大公记交涉德大协记未了事宜因此戛然而止，不见下文。1946年，德大公记牛羊肉庄更名德大公记伙食公司，又称德大饭店。是年7月，德大饭店南京路支店开张（图5、图6），原店改称德大塘沽路总店至20世纪50年代关闭。20世纪80年代，德大饭店四川路店更名为德大西菜社。

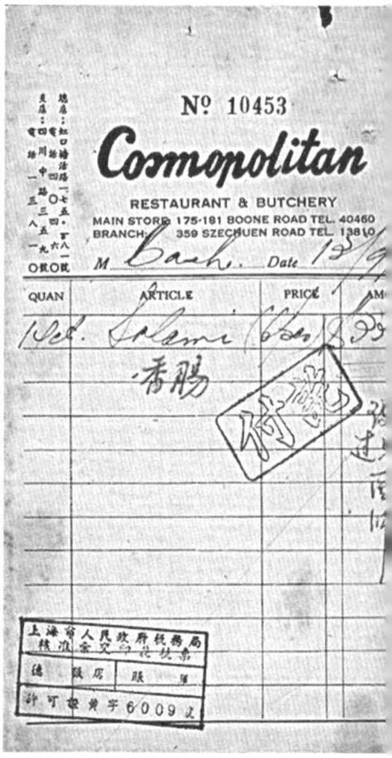

图6 1951年，德大的账单，支店地址为四川中路359号

图5 四川路359号近南京路，德大饭店南京路支店外景。美《生活》记者摄

①：《申报》（1913年3月2日，第4版）广告《盘店声明》
②：《申报》（1939年1月25日，第2版）广告《德大公记牛羊肉庄集股营业启事》
③：《申报》（1939年1月27日，第2版）广告《张葆棠律师代表德大协记牛羊肉庄经理陈安生启事》

魔术师鲍琴轩与五味斋

图1 1974年，大世界改名上海市青年宫，其大门南侧的五味斋还在

20 世纪 30 年代，魔术师鲍琴轩在大世界游乐场变戏法混饭吃，后来还真混出了名堂，家产颇丰。鲍琴轩发迹后，他就在大世界旁边开了一家“五味斋”小吃店，仗着他的人气跟大世界市口，小店顾客天天爆满，生意兴隆（图 1）。后来又在静安寺路 76 号开了“五味斋”北号（后来迁址 226 号大光明门旁，1966 年改名人民饭店）（图 2）。除了“五味斋”，鲍琴轩还开过蛋糕店、药店等，但名气最响的还是那两爿“五味斋”（南北号）。鲍与黄楚九交情甚笃，他发家后还时不时地去大世界变戏法，戏法一玩就是几十年，还出过三本变戏法的书。魔术大师美誉由此而来。桑钟焙（1914—1980），浙江余姚人，15 岁当学徒，民国 26 年（1937 年）进五味斋菜社北号做服务员。新中国成立后，桑钟焙身着 3 号工作服，首创“四心、三快、八满意”的工作方法，1959 年他出席全国群英会，参加建国十周年北京国庆观礼。

图2 1980年代，南京西路226号，人民饭店

图2 周凤奎夫妇

结婚（图2），没多久只身回到上海，媳妇则留在乡下操持家务照顾老人。几年后，周家爷爷要长孙周凤奎带上13岁的三弟去上海，并允长孙儿媳同行。当时，周凤奎夫妇和周的三弟借住在周家亲戚开在南市小北门的一家小旅馆里。用木板隔出来的10平方米小间要住4个人，屋里臭虫多，雨天还漏水。周凤奎白天外出做生活，回到家还要照顾弟弟，每日疲于奔命，30元工资付掉房租15元，仅勉强糊口；媳妇除了家务活还要帮"嘉利"锁纽洞，却常拿不到工钱，只能又去对门华德美寿衣店接点缝纫活贴补家用。后来，"嘉利"老板王和利抽上了鸦片，就常拖欠店员工资。无奈之下，周凤奎只得在外自家接生意。有一次，周接到一笔大生意，一下赚到100元（顶他几个月的薪水），就起意离开没有奔头的"嘉利"另谋出路。在周的"每周回来为嘉利白做两天，若有急事随叫随到"的诚意允诺下，王老板不得不放周离开。1939年，"嘉利西服店"终维持不了而倒闭了。

1938年起，周凤奎离开"嘉利"做起了"包袱裁缝"。所谓"包袱裁缝"就是没有门店的，裁缝上门为客户量尺寸，再回家裁剪料作，然后送到专门的工场缝纫加工，最后把成衣送到客人府上结账。当时，西装技师分工很细，有学裁剪的，也有学缝纫的（踏缝纫机的），学前道的不会做后道工序的。周凤奎身穿阴丹士林布长衫，斜挎一个装有裁剪工具和布料的包袱，每天清晨就上路。周赚得辛苦铜钿，

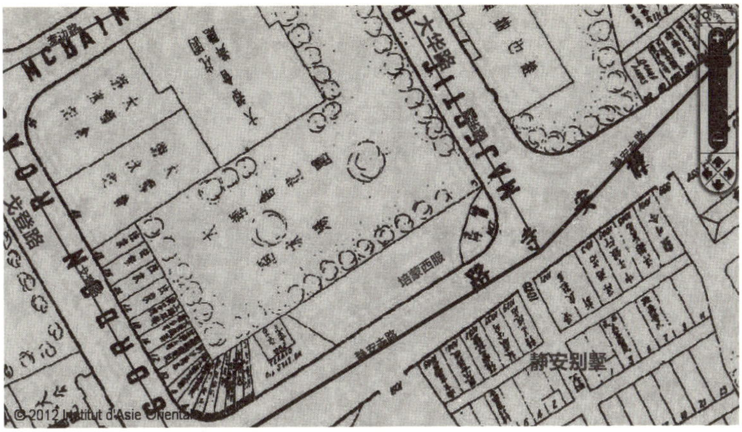

图3 1939年版《上海市行号路图录》截图。静安寺路(南京西路)近大华路(南汇路)口

就首先考虑改善居住，搬到白克路（凤阳路）524 号。同样是 10 平方米的亭子间，租金 30 元，但地段好，居住环境大为改善。亭子间楼下有家小五金店，店里有一部电话，五金店老板人很善良，他见周凤奎做“包袱裁缝”需与外界联络，就让周家用他电话。这部电话给周家的生意带来了极大的便利。周凤奎晚年回忆说，他很感恩楼下的邻居，白克路的家是福地，从此生意开始走上坡路了。周凤奎凭借他上乘的裁剪技术和诚实的人品，回头客越来越多，生意像滚雪球般越做越大。当年他做一套比较好的西装要值一两黄金，约银洋钱四五十元，利润是 20%。

1946 年初，周凤奎裁剪事业迎来一个重要转机，他听说南京西路南汇路口有一家犹太人咖啡馆要盘出，正在找下家，靠做“包袱裁缝”赚得第一桶金的周急忙与师兄阮永年联手接盘。卖家开价 10 根大条子，周、阮各出一半盘下。据周家回忆，当时南汇路野草丛生，有个外国马戏团常住在那儿。经查 1939 年版《上海市行号路图录》，当时南汇路那一片有个大都会花园溜冰场，靠静安寺路一侧有一块空地，估计周说的马戏团就在这块，那时还没有咖啡馆（图 3）。1946 年 4 月 14 日，周凤奎和阮永年合办的西服店开张了，取名“培蒙”，并在《申报》上刊登了开张广告[①]（图 4）。最初培蒙的店堂间约 30 平方米，另有一间 10 平方米的试衣间，楼上是工场间，缝纫师傅 12 人，有胜家缝纫机 6 台。当时加工西服大多是手工活，工人拿计件工资，一般每月有五六担米的收入。裁剪师每月有固定收入，

图4 1946年4月14日《申报》广告《培蒙西服公司今日开幕特价7天》

图5 静安寺路1025弄静安别墅。周凤奎曾住弄内82号

约 10 担米钱。培蒙开张那年恰逢大批从重庆来的“接收大员”进入上海，西装需求量陡增，周专司裁剪，阮则专注经营，两人通力协作，赚得钵满盆满。次年，周、阮两人又以 20 根大条盘进培蒙隔壁的泰昌糖果店，并分开经营，新店取名“雷达”，由阮个人经营，但周让出技术较好的裁剪师许阿惠随阮去了“雷达”。周凤奎从此单独经营培蒙，并取名奎记培蒙，于 7 月 1 日重新开张。20 世纪 40 年代，在南京西路上的西服店就有五六十家，培蒙在夹缝中求生存，诸如“培罗蒙”“亨生”“启发”等名店在西服上做足“五工头”(即五个人工)，培蒙虽略低一等，但至少做足“三工头”，且价格实惠。

图6 1980年代，周凤奎(左一)到贫困边远地区的服装厂进行技术指导

1948年年底，事业有成的周凤奎见培蒙对面的静安别墅82号有出让意向，就毫不犹豫用10根大条顶下，获得整幢三层楼的使用权(图5)。楼内一楼客堂间有全套沙发，二楼主卧是全套红木家具，三楼是孩子们的卧室，有宽敞的大晒台，另有浴室两间，一家人从此告别亭子间，过上舒适富足的生活。新中国成立后，因住房面积超标，周家先后让出底楼和三楼。后因诸多不便，还是搬离了82号。

1956年全行业公私合营，“雷达”及四川路的“和昌”并入“培蒙”，新店取名培蒙服装店，周凤奎任私方经理。“文革”中，“培蒙服装店”曾一度叫“长江服装店”。1983年恢复原店名，年近古稀的周凤奎仍习惯每天去店里看看，直到1993年此地始建梅龙镇广场，才告别伴随他近半个世纪的“培蒙”(图6)。

①:《申报》(1946年4月14日，第4版)广告《培蒙西服公司今日开幕特价7天》

严裕棠与大隆铁工厂二三事

严裕棠，生于上海，祖籍浙江鄞县①（《上海通志》），其祖辈于清代中叶移居上海，住愚园路镇宁路北严家宅。关于严家的祖籍，有各种版本，一说是安徽婺源县②，另一说为江苏吴县。这就让有兴趣的去考证吧，此文暂且认同《上海通志》说法（图1）。

图1 大隆铁工厂创办人，严裕棠

因父亲严介廷是英商杨树浦水厂买办，严裕棠从小受其影响学说英语，19岁就到英商老公茂洋行当学徒，升至行主私人佐理，因而一口英语越讲越流利。后入公兴铁厂当跑街，后任副经理。此时，严介廷见儿子严裕棠跑街做得得心应手，就于光绪二十九年（1903年）与钱心如（钱与严为亲家，即严裕棠之岳父，在虹口长治路开米店）、铁匠褚阿土合股开办大隆铁工厂，让儿子严裕棠自立门户，担当经理。大隆厂初创时，在杨树浦太和街梅家弄，租赁两间平房权当车间，时有工人仅7名，学徒4名。那时厂里主要为外国商船修理小机件，或为缫丝厂和轧花厂修点零配件。不久，大隆厂就搬到平凉路，租用严介廷的12间铁皮木板平房作厂房，厂里仅有皮带车床8部，牛头刨床和龙门刨床各1部，以20匹马力的水汀炉子引擎作动力。此时厂里工人增至50名，且大多为学徒工。

三年后，比起初创期，大隆厂的业务增长迅猛，除了原先的外轮修配，还与永茂、益泰轧花厂、中兴面粉厂等厂家建立长期合作关系，订单足，且利润相当可观（毛利可达50%～200%）。身为经理的严裕棠在外接单，即做跑街先生，而褚小毛（父亲褚阿土，铁匠出身，入三分之一股，为大隆厂股东之一）则为副经理，管理生产技术。褚见修配业务利润可观，可到手并不多（盈余6000元），便对合伙人严家起了疑心，股东间矛盾日积月累，最终对薄公堂。经查账后确认，三年来共盈余洋六千元，并无不符。撕破脸皮，褚家无心再合作下去，

图2 1922年，严裕棠长子严庆祥

只得退股，得二千元再加官利及资本共四千九百二十元走人。褚家真乃鼠目寸光，最艰辛的初创期都熬过来了，硬生生将一只超级“潜力股”中途抛掉了。看到大隆厂蒸蒸日上，后发展成为台湾十大财团之一，褚家后人一定肠子悔青了！1906年7月6日，严裕棠为此事登报声明，做一了断[③]：

启者大隆机器厂系生父严介廷与钱心如褚阿土于光绪二十九年三股合开每股二千五百元共计七千五百元生为经理褚阿土之子小毛为协理至三十一年九月止共盈余洋六千元岂知褚心犹不足诬生账款不符涉讼公堂幸仁宪两次审问以账款并无不符着邀公正人理处生奉谕后即邀请公正人将账簿洋细查算共计盈余洋六千元并无错误每股应得二千元再加官利及资本每股应共得洋四千九百二十元褚阿土父子自情愿退股并自愿求销了案生即将褚一股应得之洋如数交于公正人过付交割另加兴记牌号以后盈亏褚父子无涉两相允洽各无异议乃日前登有申新两报告白谓生自愿津贴洋一千五百元殊出情理之外所以将受股缘由及另加兴记牌号特登声明

褚家退股后，严家则独资经营大隆厂，开始银根较紧，常赊账购买机器设备和原材料。有一年，年关将至，贷款到期，又无力偿还，严裕棠为躲债头，与同病相怜的荣宗敬一起，大年三十不敢回家吃团圆饭，而跑到泥城桥左近的大观园浴室躲了一夜。后来，外

图3 1920年代，大隆铁工厂全貌

商在上海的纺织厂越开越多，设备及零配件修配量也随之大幅度增加，加之严裕棠是跑街能手，以“服务好、收费低”为宗旨的大隆厂进入了大发展期。尤其到了1916年其长子严庆祥加盟管理(图2)，严裕棠更是如虎添翼，大隆厂在机修行业中声名鹊起。1925年，严裕棠在戈登路桥北堍（今光复西路5号）购地70余亩建造大隆机器厂新厂房（图3)。1927年，又以低价收购了日商仁德纱厂（临青路）和苏州苏伦纺织厂。

家大业大的严裕棠，在1928年10月和1932年5月曾两次遭绑架，但都大难不死。前一次，严裕棠乘坐黄包车在华德路（今长阳路）遭绑架，在挣脱中严被击伤左足，其包车夫也被匪徒开枪击伤，并无大碍。但不知何故绑架未遂。后一次，即1932年5月4日晨约八时半，严裕棠跟往常一样，“驾自备之八九六七号汽车，由家中出发（沪东平凉路1号)，往江西路五十八号光裕营业公司办事。车抵五十八号门口，戛然而止，严正举足下车，忽有暴客三人，自道旁跃出，手中均执凶器，两匪扶严重返车厢，一匪启門，登驾驶人座位，以手枪威吓车夫高阿四开足速率，向南而驶。及至爱多亚路口，匪将高从车中推下，然后自己把轮转头向西绝尘而去。事后车夫即报告捕房请缉，一时尚无眉目可言。”④匪徒将严绑架，勒索50万元。此案，在工部局督促下，总巡捕房由华总探长陆连奎挂帅，在全市侦

图4 1930年代，大隆铁工厂车间

图5 1932年，大隆铁工厂办公楼

捕绑匪。案发一个月后，陆探长终于得悉密保，随即派华探长刘绍奎、探目冯志铭、王程应、周鸿林等前往西藏路新世界饭店337房间，遂将住于房内之镇江人王箭、甬人孔阿六、江北人陈惠兴、董小四、浦东人叶香莲等五人嫌犯悉数捉拿归案。经审讯，嫌犯王箭供出“肉票”被藏地点。陆探长等立即协同法捕房中西探员驰往法租界白尔部路蒲石路（重庆中路长乐路）七十二号营救严裕棠，看守严裕棠的绑匪等，早已闻风逃逸，仅将严裕棠禁闭室内，探员当即将严救出，并于该屋抄获盒子砲三支及子弹一百六十三颗、手枪一支及子弹三十一颗和毒气手枪一支。据闻，严裕棠“其所营之光裕营业公司、经理闸北大隆铁厂及苏州苏伦纺织厂之出品、故严实一身而兼三职、然因出身寒微、自奉极俭、生平热心社会公益、办有义务学校三处、据闻仅有事业、并无积蓄、每晨往公司办事、只身出入、不雇保镖。”⑤严先后两次被绑架，都化险为夷，乃因果造化、命大福大也。

至抗战爆发，大隆厂生产用房多达470余间，工作母机200余台，工人发展到700余人，资本总额达20万两（图4、图5）。抗战伊始，严家父子消极对待国民政府的内迁命令，将贵重机器设备和原材料都藏于租界江西路禅臣洋行的仓库和静安寺镇宁路严氏第二公学内。日军占领上海后，原大隆厂被占，改名内外铁厂，转为日军的军工厂。而严裕棠用所藏机器设备，在江苏路诸安浜路，以美商泰利名义办了泰利机器厂，直至抗战胜利。抗战胜利后，内外铁厂（原大隆厂）作为敌产被国民政府经济部没收，改名上海机器一厂。1947年9月，严家以600根金条赎回原大隆厂。新中国成立前夕，严裕棠等人离沪去了香港，后转到台湾开厂经营。1958年，严从巴西回大陆途中滞留台湾，10月18日因心脏病发，在台北逝世。其子严庆祥留守上海大隆厂。1954年大隆厂公私合营。

20世纪70年代初，笔者读初中时，常去家附近的沪西工人俱乐部看足球赛，特别喜欢大隆队，因为他们球踢得好看。为写此文，查了大隆好多资料，才知大隆厂的足球家底颇深（图6）。

20世纪30年代，严裕棠四子严庆麟从德国留学回沪后，在大隆厂成立了一支工人足球队，且有足球场。当时，大隆厂足球场还

图6 1980年代，大隆机器厂门景

是中华足球会联赛指定比赛场地⑥。他们的比赛活动消息经常出现在上海的报纸上，简直就是大隆的活广告。新中国成立后，大隆厂足球传统仍在延续，每个车间都有一个足球队，每次踢球不用人喊，一到下班铃响，大家都奔足球场踢球。这是大隆人最大的业余爱好。大隆机器厂足球队历来是一支上海工人足球劲旅，曾在市、区足球比赛中获得多次冠军，进入前三名的次数更是数不胜数。如，1955 年，普陀区工人足球赛冠军；1963 年，足球邀请赛冠军；1983 年，第二届“陈毅杯”足球联赛甲组冠军。当年，大隆足球队的队长朱元庆（他还是上海工人足球队的主力队员）、中场张仁明、边锋刘建敏等都是驰骋在上海工人足球赛场上的明星，风头十足！还有好多，恕我叫不出他们的名字，但他们曾经带给球迷无法言传的观赛愉悦至今令人难忘。

①：《上海通志》（上海人民出版社、上海社科院出版社2005年4月版，第十册第6656页）
②：《长宁区志》（上海社科院出版社1999年1月版，第1131页）
③：《申报》（1906年7月6日，第5版）广告《严裕棠声明大隆厂受股被诬广告》
④、⑤：《申報》（1932年5月5日，第10版）报道《严裕棠被绑》
⑥：《申报》（1936年10月10日，第10版）报道《中华足球会联赛今日开幕》

天晓得：大舞台对过药梨膏店

图1 1993年，九江路金华路口，天晓得药梨膏商店（秦兴培摄）

小辰光跟着大人一道去九江路大舞台看戏，走到戏院门口，看见对过“天晓得”糖果食品店招，好奇地问大人：“啥意思？”“天晓得！”大人回答得干脆，但问号却种下了。2009年后，常外出街拍，路过九江路，想寻觅少时深感好奇的“天晓得”，它却早已无迹可寻了(1997年，九江路拓宽工程，“天晓得”被拆)。所幸沪上街拍前辈秦兴培先生的镜头赶在推土机之前，为你我留下了众多街景商铺遗照，其中就有“天晓得”（图1）。

“天晓得”是一块店招的绰号，它原来的店号叫“文魁斋”。话说清光绪十年前后（另一说清同治年间①）有一陆姓嘉兴人②很会做苏式糖果茶食，先在三马路（汉口路）一带挑担叫卖药梨膏、粽子糖、山楂糕等，没想到生意很旺，尤受妇孺欢喜。于是，陆就租下三马路(汉口路）653号门面（当时路对面还没有大舞台③），开了店铺，取名文魁斋。见陆家生意红火，立马有人跟风，贺林茂就租下三马路651号店面，跟西面陆家贴隔壁（图2），做同样糖果茶食生意。刚开始，贺还讲点“含蓄”，取店名“文桂斋”，与西面店家名谐音；次年就撕破面皮，干脆与隔壁陆家店铺同名，也叫“文魁斋”。后来，贺盘出店铺，苏州人费荣生接盘后，店名苏州文魁斋。陆家店铺则名嘉兴文魁斋以示区别。两家文魁斋为了互抢生意，侪自称“首起”和“老店”，骂对方是冒牌，正名之战旷日持久，争来争去，最终争出个“天晓得”大名，反倒将原名文魁斋淡忘了。

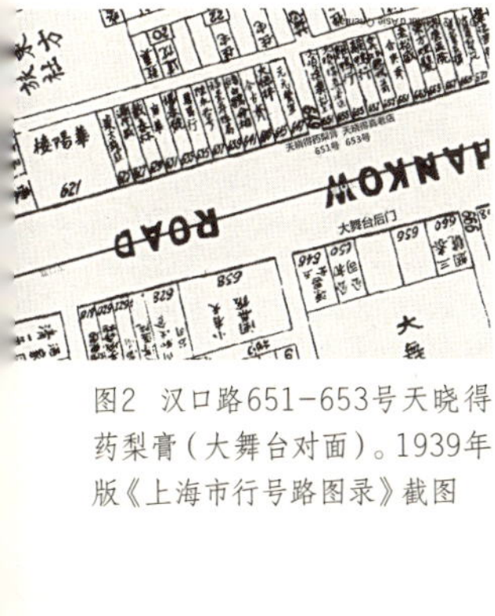

图2 汉口路651-653号天晓得药梨膏（大舞台对面）。1939年版《上海市行号路图录》截图

日脚（日子）一长，两家店铺皆几易其主，后人更加勿明真相，顾客也是一头雾水，搞不清楚谁真谁假。闹得不可开交时，两家就诉至法庭，打起了官司。官司打下来，双方店家没有赢家，倒是律师和衙门进账不少。搞来搞去，结果两家人家侪背了一屁股

债。真冤啊！后来，西家“天晓得”老板万般无奈之下，突发奇想，在店铺前挂出一块乌龟店招，并明示：始创第一家真正天晓得，货真价实何必冒牌欺人（图3）。店招中央刻有一只大乌龟，意为乌龟眼太小，见人招牌就要假冒，暗喻东家“天晓得”所作所为。西家老板以为此招叫绝，因为没人愿做乌龟。谁知利之所在，任何东西都做得出来，仅过了一天，东家也挂出乌龟店招，还刻了一只小乌龟，被大乌龟咬着尾巴，以此相争。东家说，我学样就学到底了，你咋办？西家厥倒，真是遇到了前世里额冤家，无话可说！大舞台对过两家药梨膏店侪挂出“天晓得”店招，顾客被弄得云里雾里，更加唔没方向，谁真谁假，只有天晓得！陈定山年轻时好顽，曾访问过他两家，说：“你们这两只乌龟，到底哪一只是真的？”④他们都讪讪地答不上来。从此，上海滩多了一句歇后语：大舞台对过——天晓得！

图3 1935年，三马路今汉口路，大舞台对过天晓得糖果食品商店

没想到，“天晓得”对面的文明大舞台于 1933 年被拆除重建了新屋，更名荣记大舞台，且大门移至九江路 663 号（大舞台后门对着天晓得）。大舞台对过，从此不复“天晓得”矣！没有大舞台照应的“天晓得”生意就冷清多了，加之常年为正名闹腾，负债累累，两家都临破产边缘。至 1937 年，西家负债达一万二千元（伪币），全店资产还不到一千元，还拖欠员工工资，要不是“稻香村”老板伸出援手，早就倒闭关门了；东家也是负债经营，伤了元气，只能勉强维持。

1956 年春，“天晓得”公私合营了，且两家破墙合并为一，握手言和，将彼此挂了几十年“乌龟”店招摘了下来，砸得粉碎。“天晓得”合并后，生产的药梨膏吸收了两家原配方优点，添加部分药品，使药力发挥迅速，并改进了熬制工序，提高了药梨膏效用。合营初期，每年用梨是以前的六倍（六千多斤），三年后增至二万斤生梨。

1959 年元旦，“天晓得”糖果食品店迁至九江路 660 号，即人民大舞台对过，老店新开。二十多年后，“天晓得”与“大舞台”再次对门重逢，如此缘分，真是天晓得！

①、④：陈定山《春申旧闻》(海豚出版社2015年7月版，第188–189页)

②：《黄浦区糖业糕点志》(黄浦区商业志办公室1994年主编，第118页)

③：文明大舞台建于1909年12月，即宣统元年，位于汉口路654–656号。1933年，文明大舞台被拆除重建了新屋，更名荣记大舞台，且大门移至九江路663号(大舞台后门对着天晓得)。

稻香村“肫肝大王”高敬贤

儿时喜爱零食，但囊中羞涩，只能偶尔买几根陈皮条或一小包“咸支卜”解解馋，买不起鸭肫肝这种高档小吃。而如今买得起鸭肫肝了，却早过了爱吃零食的年龄，只能纸上谈“肫肝”，留一点儿时记忆罢了。

过去，名叫“稻香村”的茶食南货店特别多，一如“老大房”，且南北各地皆有。“稻香村”典出曹雪芹《红楼梦》[①]：黛玉替宝玉作的“杏帘在望”五言诗里有“十里稻花香”之句，“元妃看毕，喜之不尽……又指‘杏帘’一首为四首之冠，遂将‘浣葛山庄’改为‘稻香村’。”那些茶食南货店老板为讨口彩，都喜用“稻香村”来做字号。但这些字号里肫肝做得最好最出名的是苏州人高敬贤约 1930 年创办于四马路平望街口的“稻香村”，号称“肫肝大王”。

高敬贤（1892—1946），苏州人氏，出身贫寒，少年时代就只身来上海谋生，在四马路（福州路）云南路口设摊。他用三只栲栳（一种用柳条编成的容器，形如斗，亦称笆斗）摆上花生、瓜子、五香豆、豆腐干等零食及鸭膀、鸭脚、鸭肫肝之类的卤味小吃，招揽过路顾客，生意一般。到了 1926 年年初，大新舞台在四马路云南路口建成并开业（主演京剧）。看戏的太太小姐们走过路过，不会错过高敬贤的小吃摊，他的生意火了起来。到了 1930 年，老天蟾舞台从永安公司旁（今“七重天”楼址）迁来此地后，“天蟾”每天演日夜两场，每场长达三四小时，戏院门前天天车水马龙，热闹非凡。高在“天蟾”门前设摊，用一口软糯苏州话吆喝招呼来往行人，加之零食小吃做得新鲜、入味，占尽天时地利人和，其小吃生意越做越火，其中鸭肫肝尤其受看戏姨太太、小姐们的青睐。

看准了这一商机，高敬贤毅然决定把生意重点放在鸭肫肝上。每天收摊后，回家继续琢磨鸭肫肝的制作，不断调整火候和佐料。

后来生意更火了，为了降低人力成本，高直接采购南京的上好生鸭肫，再简单加工包装后即可出售了。经过几年经营，高有了一些资本积累，便萌生在天蟾舞台附近开店的念头。想干就干，约 1930 年，高敬贤就在福州路 637 号平望街口开了两开间门店，起名“稻香村—肫肝大王”，以别沪上其他稻香村茶食店字号，主营鸭肫肝，1935 年还以自己的姓氏“高”字为鸭肫肝注册商标（图 1）。稻香村肫肝店开张伊始一炮打响，远近顾客纷至沓来，生意旺旺。“稻香村”的迅速崛起，其原因，首先是对货源的垄断，高对来自南京的几家腌制肫肝作坊质量严加把关，并以高价收购之；其次，用大锅煮肫，加上上等料酒、茴香等调料，掌握烧煮时间，烧出的肫肝既鲜又香，回味无比；再次，不论春夏秋冬；每天现烧现卖，卖完为止，保证货鲜味纯。

图1 1935年，肫肝大王注册商标

高敬贤当上“稻香村”老板后，店内用人并不多，他主外，主要精力放在货源上，店内账务交与老婆打理。高妻也是苏州人，十六岁嫁入高家，她精明能干，善于理财，家、店都管得井井有条。夫妇配合默契，克勤克俭，“稻香村”生意越做越大，很快进入鼎盛期。高生有一子一女，其子就读圣方济，成绩优异，毕业后就留校做英文教师，后娶沪上禾丰米号老板王友卿的二女儿王闻馨为妻。生意好，名气响，敲竹杠、吃白食、耍无赖的都上门来了。为了维护正常生意，高不得不通过关系，备上厚礼，拜访帮会头子黄金荣。从此，逢年过节必备厚礼，恭恭敬敬送到黄府。

20 世纪 40 年代中期，高敬贤年过半百，精力不济，无奈其子不愿接班，加之局势动荡，生意更加难做，眼看着“稻香村”由盛渐衰，他抑郁成疾。1946 年，高病逝苏州，享年 54 岁。此后，高妻见儿子无心商海，便扶持儿媳王氏出任店主。稻香村女老板上任伊始，就进行多项改革。店内重新装潢，取消老式账台。设账房间，请专职账房，建立财务制度。柜台改为西式 U 字形玻璃柜。雇两名年轻广东籍小姐做营业员，还聘武术拳师做保镖，每天来店巡视，对付地痞流氓。

图2 1952年，广西路口稻香村附近，正在拆除此路段凸出房屋，拓宽道路

1952 年 8 月，政府对福州路（平望路至广西路段）瓶颈顽症进行整治，拆除此路段凸出房屋，拓宽道路[2]（图 2）。拓宽工程结束后，

图3 1953年，高平华（稻香村老板高敬贤之孙女）与弟弟在福州路651号“稻香村”门前

图4 1993年，延安东路云南南路口西望，左侧近处为稻香村。秦兴培摄

稻香村王老板立马租下福州路651号广西路口沿街新房子，重新开张营业，并改名华记稻香村肫肝商店，店堂内仍高悬四个红漆大字“肫肝大王”，店门前的圆形霓虹灯也是“肫肝大王”。新稻香村经营更加灵活，开始做生肫出口业务，还增加经营白油板鸭、广东香肠、香肚、苏州糖果、蜜饯等。此时，天蟾舞台斜对面云南路上“老南京”（212号）与“陈阿筱”（238号）两家店见“稻香村”鸭肫卖得火，也力推鸭肫肝，且以低价促销，跟“稻香村”抢生意，竞争蛮激烈。但“稻香村”鸭肫味道略胜一筹（图3）。“稻香村”公私合营后，王老板作为私方经理仍为“稻香村”的业务发展操劳费心，直到“文革”前夕。“文革”中，“稻香村”一度改名“禽肫”。

1987年9月，稻香村在延安东路429号（北京郑福斋原址）增设分店，除保持“肫肝大王”特色外，还增设专柜，销售自制盐水鸭。分店一经开出，生意大火，店员年奖金逾千元。而福州路“稻香村”总店因年久失修，于20世纪90年代初停业装修，于1992年10月8日复业，与延安东路分店一起共迎新老顾客（图4）。“稻香村”鸭肫肝最受顾客喜爱。除将一串头的鸭肫肝，改为礼盒与真空包装，以便馈赠、携带和贮藏外，新增盐水鸭生胚、冷冻小食品和邵万生糟醉货。继延安东路分店后，1993年11月“稻香村”在浦东杨家渡（今张杨路东南新村61号）兰馨电影院边门新开一家分店，从此浦东

图5 2018年8月23日，稻香村延安东路429号门店外景。无田摄

顾客不用过江也能买到爱吃的鸭肫肝。1994年6月，因市政动迁，稻香村总店迁出福州路，在沪太路合阳路和浦东浦三路、巨野路增设三家门市。那时市中心商业布局一味追求“高、大、上”，将众多老字号门店挤了出去，给喜爱老字号的百姓带来诸多不便，让海外华侨也难觅其踪影。三年之后，在市民和海内外人士的呼吁下，“稻香村”于1997年8月18日重返福州路(近云南路口)，取名“稻香村小吃楼”。新店一楼除供应特色鸭肫肝外，还有盐水鸭、鹅、鸡面市；二楼增设小吃部，供应大众点心。如今，“稻香村”门店只剩延安东路429号一家了，且昔日的辉煌早已不再。近期，特地去了一趟“稻香村”门店，发现店堂间还算宽敞明亮，特色鸭肫肝仍是主打商品，但顾客不多，且大多是过路客（图5）。令人遗憾的是，其店堂内的介绍和门外的店招牌上将创办年误写成“光绪十八年”(1892年)，那时高敬贤刚出生，他创办福州路“稻香村肫肝大王”店是30多年后的事。

①：曹雪芹、高鹗《红楼梦》(人民文学出版社1979年10月版，第十八回，第211页)

②：《新民晚报》(1952年8月8日，第4版)报道《拆除“瓶颈式”建筑拓宽马路》

三、马路小考

法租界马路小考——麟桂路（灵桂路）

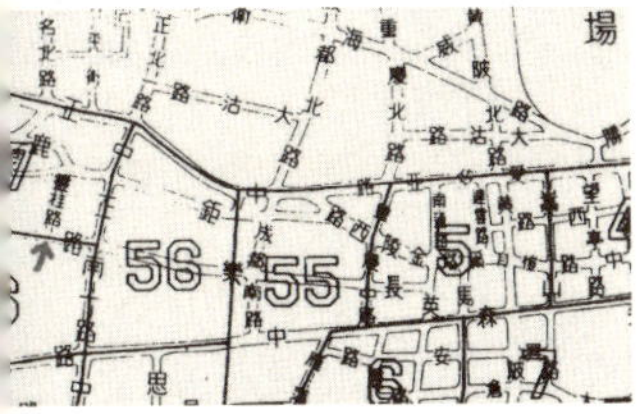

图1 1949年版《上海市行号路图录》下册分幅总图灵桂路

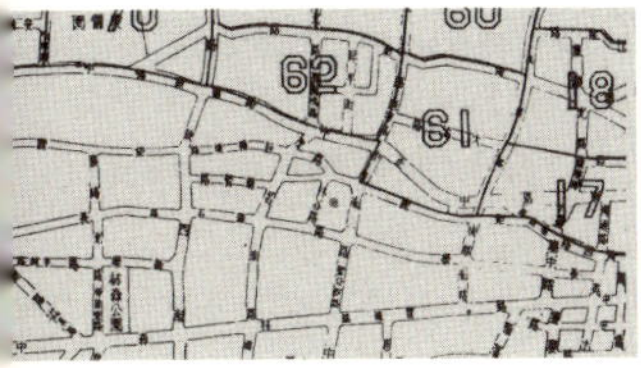

图2 1947年版《上海市行号路图录》上册分幅总图林谷路

旧时上海法租界的道路大多以法国人名命名，但少数几条用的是中国人名，如麟桂路（正式命名时取谐音，叫灵桂路）（图1）。

法公董局翻译董枢在《上海研究资料》中有篇“麟桂路讲话”，是最早记录麟桂路（灵桂路）的文字，载曰：“上海的法租界，是由于1849年4月6日（清道光二十九年三月十四日）麟桂道台的一张布告而断送！所以在法国人方面，对于麟桂，很是感激的。现在法租界内，在蒲石路（今长乐路）之北，巨籁达路（今巨鹿路）之南，迈而西爱路（今茂名南路）之东，圣母院路（今瑞金一路）之西，有一条麟桂路；这便纪念此位麟桂道台了。”①另，吴静山在《法租界马路名称考》一文中也提及此路，法公董局特地将这条南北向仅长147米的小路“定名为灵桂路，但是不用‘麟’字，而用‘灵’字罢了。”②

《卢湾区地名志》载曰，灵桂路于“1926年放样定线、立界石，1927年动工辟筑。初为泥土路，1936年铺弹石路，1946年改称为林谷路”。③

灵桂路是条南北向的小马路，因紧挨东西向的进贤路，而常被误

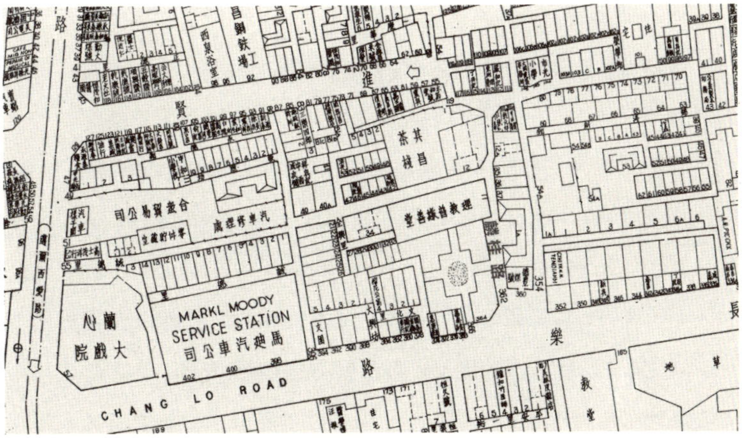

图3 1949年版《上海市行号路图录》下册图67，长乐路362弄原麟桂路

传。根据上述文字记载，我查阅了《老上海百业指南》（简称《上海市行号路图录》上下册），在分幅总图中找到这条小马路（上册标“林谷路”，下册标“灵桂路”）（图2），但下册的分幅图67中此路名已改为长乐路362弄（图3）。

1932年地图上用两条虚线标注小路，但无路名（图4），1948年地图上标注小路的虚线也没了（图5）。综合上述地图和文字记载，得知灵桂路约在1948年注销路名改称长乐路362弄了。这跟《上海市行号路图录》下册1949年4月出版时间吻合，而不是《卢湾区地名志》所记载的“新中国成立后，改为里弄（即长乐路362弄），马路名注销。”④

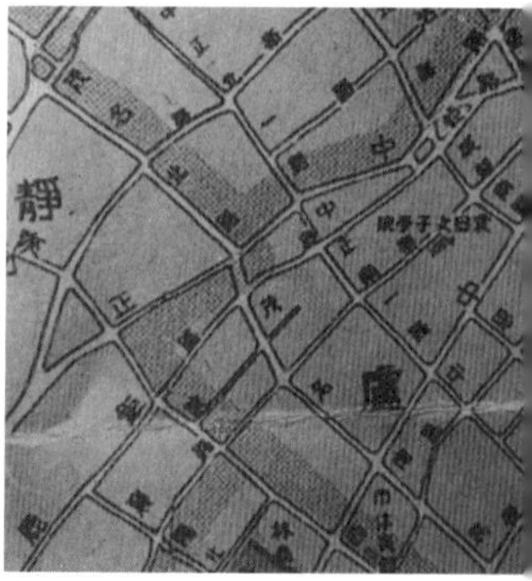

图4 1932年版《新测上海地图》局部，灵桂路图示两条虚线

图5 1948年版《上海市全图》局部，图中灵桂路标识虚线没了

附录：

《申报》（1942年12月30日，第6版） 街头小掌故补 高秀夫

以华人姓名名路者，除朱葆三路虞洽卿路外，仅有麟桂路，是诚然矣。据余所知，尚有一路为华人之名而为人所忽者，即善锺路。按有陶如增，名善锺，浦东川沙县属之顾家路人，操调马业。咸同年间，设马车行，营业甚盛。广置地产于该处。陶氏复热心慈善，对本埠暨桑梓公益事宜，多所匡助。法租界公董局遂以其名名路。详载川沙县志云。

《申报》（1946年11月4日，第6版） 几条用中国人名的路

前租界道路，用外侨名字的很多，但是用华人名字的却少得可怜。最为大家所熟知的只有朱葆三路，一度改称的虞洽卿路，还有一条不很出名的灵桂路。灵桂路在蒲石路北，巨籁达路南，是一条短短的污秽小路。这是租界上最早以中国人命名的路，以纪念上海道麟桂的，因误“麟”为“灵”，乃写成灵桂路。麟桂是旗人，一八四九年时任上海道，他虽科甲出身，但不脱粗疏之习。上海之有法租界，是麟桂含糊答应下来的，所以在法国人方面看来，麟桂不无可感。因此把这条路，来纪念这位上海道，此乃当时租界上唯一用华人名字的道路。

①：董枢“麟桂路讲话”（《上海研究资料》上海书店1984年1月版，第333页）

②：吴静山“法租界马路名称考”（同上，第344页）

③、④：《卢湾区地名志》（上海社科院出版社1990年版，第203页）

上海法租界马路名称考——孔子路

上海法租界马路名大多用法国人名命名（约 1900—1906 年间曾一度用中国山脉、江河名），只有极少几条用华人名。如麟桂路（又叫灵桂路、林谷路，今长乐路 362 弄）、朱葆三路（今溪口路）、善锺路（今常熟路。1902 年由陶善锺之善锺马房而得路名）等几条。但还有一条孔子路却被淡忘了，少有人提及。

法租界初期，在洋泾浜南岸就有一条沿浜土路，其西段（老北门街以西）小马路，不知谁起的名（现已无从查考），当地居民习称孔子路。当时，法公董局对道路规划及命名尚未制定规则。约 1865 年，法公董局沿袭旧称，在绘制法租界地图时将此路标识为“Confucius, Quai”（中文名为孔子路），而东段则名“Yang-king-pang, Quai du”（中文名为洋泾浜路）（图 1）。法文 Quai，原义码头，地图上用来标识沿河的道路。如，靠近黄浦江的有 Quai de Wampon、Quai de France，当时分别称黄浦滩、法外滩路或法兰西外滩（今中山东二路）。

当年，孔子路只是一条小路，附近“有许多沿街的中国民房，都是些破房子，泥墙茅顶，屋子后面有竹篱笆围着的小园子，园子后面就是荒地、坟墓、树桩、乱树丛和水塘……”①它并不是法租界

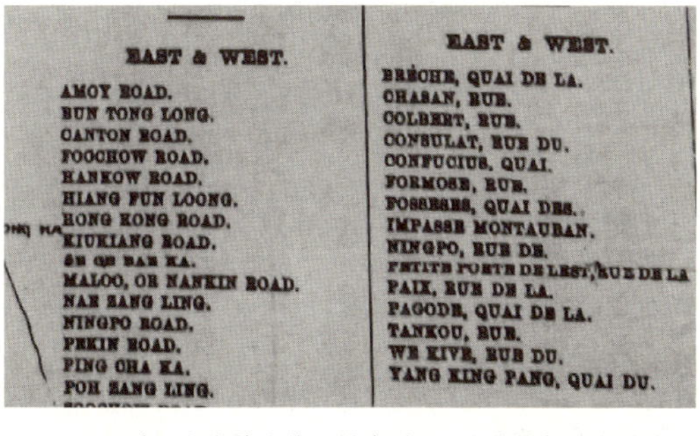

EAST & WEST.

AMOY ROAD.
BUN TONG LONG.
CANTON ROAD.
FOOCHOW ROAD.
HANKOW ROAD.
HIANG FUN LOONG.
HONG KONG ROAD.
KIUKIANG ROAD.
MALOO, OR NANKIN ROAD.
NAE SANG LING.
NINGPO ROAD.
PEKIN ROAD.
PING CHA KA.
POH SANG LING.

EAST & WEST.

BRÈCHE, QUAI DE LA.
CHASAN, RUE.
COLBERT, RUE.
CONSULAT, RUE DU.
CONFUCIUS, QUAI.
FORMOSE, RUE.
FOSSES, QUAI DES.
IMPASSE MONTAUBAN.
NINGPO, RUE DE.
PAIX, RUE DE LA.
PAGODE, QUAI DE LA.
TANKOU, RUE.
WE KIVE, RUE DU.
YANG KING PANG, QUAI DU.

图1 1875年，上海英法美租界街道图，北华捷报绘制路名录

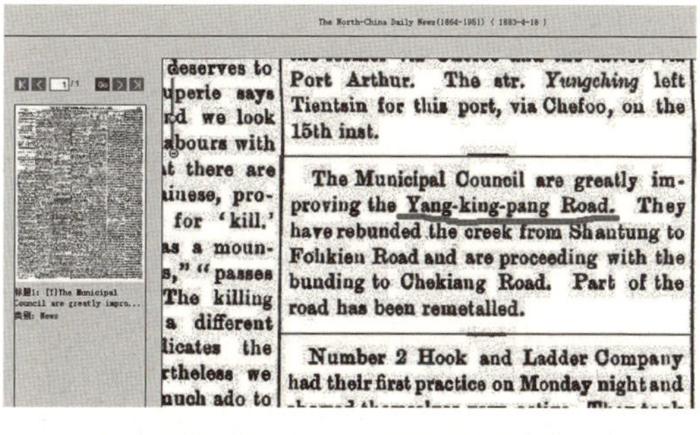

The North-China Daily News(1864-1951) (1883-4-18)

Port Arthur. The str. *Yungching* left Tientsin for this port, via Chefoo, on the 15th inst.

The Municipal Council are greatly improving the Yang-king-pang Road. They have rebunded the creek from Shantung to Fohkien Road and are proceeding with the bunding to Chekiang Road. Part of the road has been remetalled.

Number 2 Hook and Ladder Company had their first practice on Monday night and

图2 1883年4月18日《字林西报》中的洋泾浜路

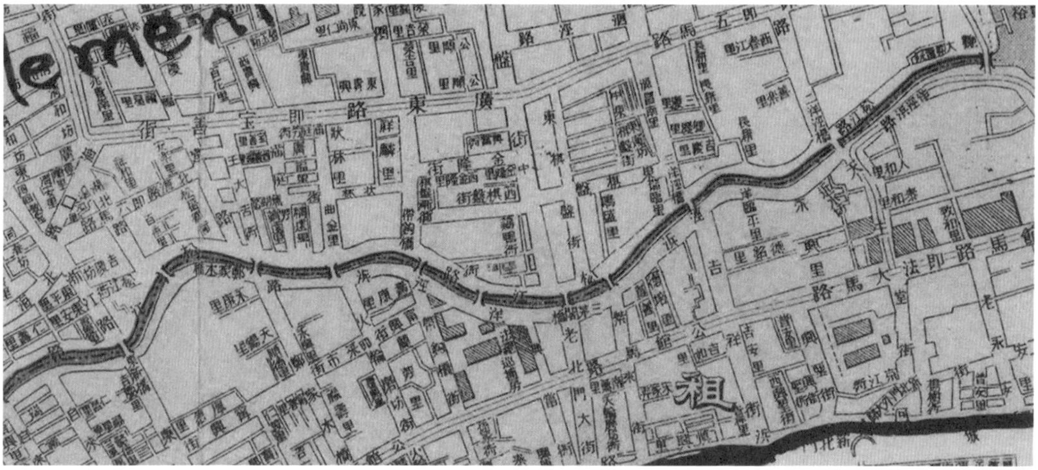

图4 1889年，上海英法美租界街道图路名录，《字林西报》绘制

一条大马路，在地图上只是按习称用法文标识一下，在各种版本的老地图上也从未见“孔子路”中文标识，而在《字林西报》行名录中，此路中文名一直是“洋泾浜路”（图2）。而《上海法租界史》书中一张中国人手绘的四明公所事件图（根据法国领事馆档案所藏地图缩制，改用中文标识）②，中文“孔子路”标识其中（图3）。直到1889年，公董局将洋泾浜南岸西段小路名“Quai Confucius”，改为与东段“Quai du Yang-king-pang”同名（图4、图5）。东西贯通的洋泾浜路从1914年开始填浜筑路，与北岸松江路合并，1916年完工后以英皇爱德华七世(Edouard VII)名字命名为“爱多亚路”。

法租界孔子路名存续仅二十多年，且消失得过早，故民国时期的路名考，包括吴静山之《法租界马路名称考》，均未记录它。吴先生在文末道：“此外法租界的马路用人名命名的，尚有二十余条，其详当俟续考。”③余作此文，权当续考之。

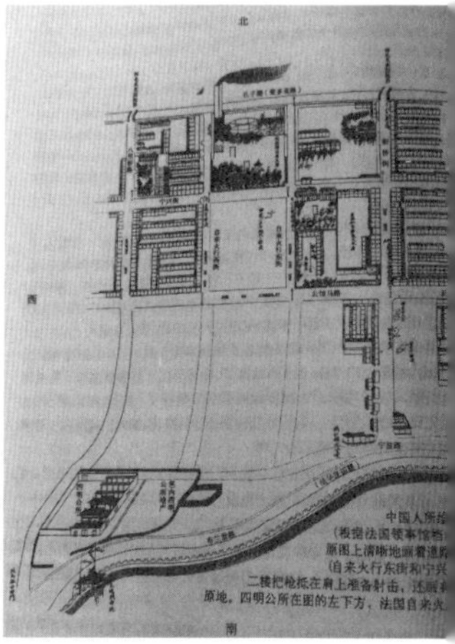

图3 手绘四明公所事件图，《上海法租界史》P330

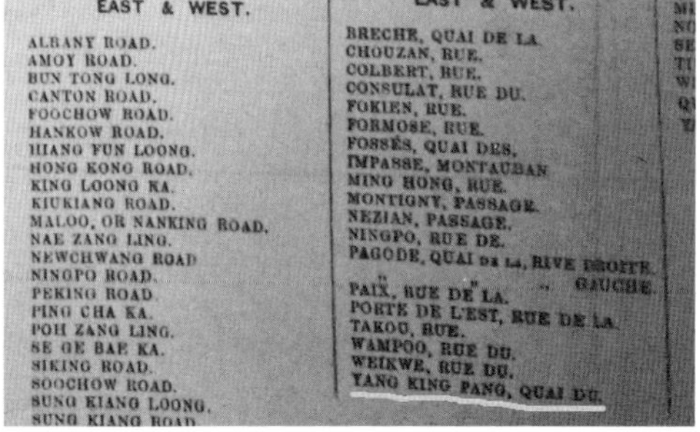

EAST & WEST.

ALBANY ROAD.
AMOY ROAD.
BUN TONG LONG.
CANTON ROAD.
FOOCHOW ROAD.
HANKOW ROAD.
HIANG FUN LOONG.
HONG KONG ROAD.
KING LOONG KA.
KIUKIANG ROAD.
MALOO, OR NANKING ROAD.
NAE ZANG LING.
NEWCHWANG ROAD.
NINGPO ROAD.
PEKING ROAD.
PING CHA KA.
POH ZANG LING.
SE OE BAE KA.
SIKING ROAD.
SOOCHOW ROAD.
SUNG KIANG LOONG.
SUNG KIANG ROAD.

EAST & WEST.

BRECHE, QUAI DE LA.
CHOUZAN, RUE.
COLBERT, RUE.
CONSULAT, RUE DU.
FOKIEN, RUE.
FORMOSE, RUE.
FOSSÉS, QUAI DES.
IMPASSE, MONTAUBAN.
MING HONG, RUE.
MONTIGNY, PASSAGE.
NEZIAN, PASSAGE.
NINGPO, RUE DE.
PAGODE, QUAI DE LA, RIVE DROITE.
" " GAUCHE.
PAIX, RUE DE LA.
PORTE DE L'EST, RUE DE LA.
TAKOU, RUE.
WAMPOO, RUE DU.
WEIKWE, RUE DU.
YANG KING PANG, QUAI DU.

图5 1913年，实测上海城厢租界图，商务印书馆版

①：[法]梅朋、傅立德《上海法租界史》(上海社会科学院出版社2007年版，第53页)

②：[法]梅朋、傅立德《上海法租界史》(同上，第330页)

③：吴静山“法租界马路名称考”(《上海研究资料》上海书店1984年1月版,第344页)

“崧厦街”何以变“松下路”？

◎大上海路浙勸大廈
新闢崧廈街 本市浙江勸
工銀行，爲浙籍金融家黄
雨齊・李思浩・李濟生・
裴雲卿・裴正庸等所組織
，資本五千萬元，該行在
大上海路青島路購地三畝
餘，自建大廈，業已竣工
，因東首馬路尚無路名，
特呈請市府命名，頃悉該
行已奉到市府批示，定名
爲崧廈街。按崧廈爲浙省
名鎮，題稱浙江勸工大廈
所在地，甚爲適當云。

图1 《申报》（1944年11月2日）简讯《大上海路浙劝大厦新开崧厦街》截图

以前在金陵东路街拍，看到“松下路”路牌总觉得怪怪的，但也没想深究。近期在阅查《上海市行号路图录》时，忽然想起这条百来多米的小路，就顺便一看，原来它旧称是“崧厦街”。为了弄清“崧厦街”的由来，便查《申报》（图1）。《申报》的一条简讯揭开谜底[①]：

本市浙江劝工银行，为浙籍金融家黄雨齐、李思浩．李济生、裴云卿、裴正庸等所组织，资本五千万元，该行在大上海路、青城路[②]购地三亩余，自建大厦，业已竣工。因东首马路尚无路名，特呈请市府命名，顷悉该行已奉到市府批示，定名为崧厦街。按崧厦为浙省名镇，题称浙江劝工大厦所在地，甚为适当云。

图2 1944年，崧厦街路牌

原来”崧厦街“之前是一条无名小路，由浙江劝工大厦建立而得名，浙江劝工银行董事兼总经理裴正庸，为上虞崧厦镇裴家村人，市府地名办核准“崧厦街”（图2），当然“甚为适当云”。缘由弄清楚了，接着问题又来了：何时更名，为何更名？

《黄浦区地名志》在“松下路”条目下写道：“原是小河，称荡沟浜，1863年填浜筑路，初称崧厦街（图 3）。1865 年法国殖民者建造法公董局大楼时，将这里的一批民房强行拆除。1942 年改名为崧厦路。1966 年 7 月改为现名。”[③] 这本《地名志》将路名起始年竟向前推了 81 年，可依据何在？《上海地名志》又在新旧路名对照表里把崧厦路起始年写成“1946 年”了[④]，是笔误吗？更令人费解的是 1966 年再次更名为“松下路”，还说“以福建松下改今名”。一个是浙江地名，一个是福建地名，牛头不对马嘴，不知更名者如何将两地名联系起来的。除了音同，看不出任何更名理由。在那个疯狂的年代，对地名如此草率地变更，还是可以理解的。“文革”后，有关地名管理部门拨乱反正，曾恢复了原路名“崧厦路”（图 4）。但是，令人费解的是，如今又恢复了“文革”时期用过的“松下路”（图 5）。为此，笔者通过朋友向黄浦区地名管理部门反映了这一情况，但至今没有回音。

图3 崧厦街，1947年版《上海市行号路图录》截图

图4 1993年，松厦路牌，秦兴培摄

图5 松下路近貌

①：《申报》（1944年11月2日，第3版）简讯《大上海路浙劝大厦新开崧厦街》

②：大上海路、青城路旧称爱多亚路、麦底安路，1943年10月汪伪政府启用新路名大上海路、青城路。

③：《黄浦区地名志》（上海社科院出版社1989年版，第391页）

④：《上海地名志》（上海社科院出版社1998年版，第664页）

上海马路及其路名的那些事

何谓马路？相传18世纪末，英国正处于工业革命的热潮之中，工业的发展对交通运输的要求愈来愈高，昔日那种"人走出来的路"，再也不能适应人们需要了。在这种情况下，英格兰人约翰·马卡丹设计了一种新的筑路方法，用碎石铺路，路中偏高，便于排水，路面平坦宽阔。后来，这种路便取其设计人的姓，取名为"马卡丹路"，简称"马路"。城市越大，马路就越多。有路就要命名，而取什么名字大有名堂，不信？你走着瞧！

某天乘出租车去冠生园路，我上车报了一下路名，可马上发现司机开错方向，就让他转向，他回我一句："侬不是要去半淞园路吗？"晕！原来司机听错了路名，将徐汇区的冠生园路听成黄浦区的半淞园路。如果是外地人或不认识路的，那玩笑就开大了。其实，用沪语（上海方言）说且说得快，听起来这两条马路命很容易搞混，也难怪司机开错方向。又如，上海浦东陆家嘴附近有一条路叫"栖霞路"，而在浦西长宁区有一条路叫"仙霞路"，一旦将这两条路名读错，那绝对要你白忙活大半天的。

图1 1930年代，南京路街景

租界时期，上海市中心马路的排列还是有规律可循的。南北向马路取自省份名，如：四川路、河南路、江西路等；东西向则取城市名，如：南京路、北京路、九江路等（图1）。路名也有以中国山川命名的，如：长江路、黄河路、大渡河路。而在上海老城厢内的一些街（路）名就没有这么规范有序了，但是，那些街（路）名却非常有趣且深含历史底蕴，令人遐想。在上海十六铺、小东门附近有两条街："外咸瓜街"和"里咸瓜街"，这"咸瓜"究竟是什么东西？难道为了卖咸瓜，要专门设这样两条大街吗？后来，通过查阅有关资料，才搞清楚原意。这"咸瓜"原来是福建人的读音，是指"咸鱼"的意思。十六铺本是上海大码头，这"外咸瓜街"和"里咸瓜街"就是当年商人与渔民们专门从事咸鱼交易的地方。

在租界马路中，棋盘街常被提及，但大多语焉不详，令人不知确切方位（图2）。最流行的说法是，旧时将河南路（福州路至广东路段）两侧街市唤作棋盘街，后来把它向北延伸至南京路，向南延伸至三茅阁桥（今延安东路河南中路口）。令人看了不知棋盘街到底是路名还是街区名。为此，笔者找来不同年份老地图，再参考《申报》记载，总算对棋盘街有了定位。棋盘街是一条东西向的小路，它东起江西路、西至山东路，位于广东路与爱多亚路（延安东路）中间，1947年前没有东西之称。之后，以河南路为界，东侧称东棋盘街，

图2 1890年代，河南路广东路口（棋盘街）街景，右侧同芳茶居

西侧称西棋盘街，东西两街口稍有偏差，不在一条直线上。19 世纪末，棋盘街周边开了鸦片烟馆、旅馆、二等妓院和茶馆等，堪称闹市。坊间有西棋盘街俗称鸡鸭弄一说，或跟周边妓院有关。谢菊曾老先生曾撰文《六十年前的棋盘街》，回忆道："当我来上海时（一九一三年），已没有烟馆，而旅馆和妓院已各搬了场，至茶馆只有广东路口同芳居一家了。"①如今，棋盘街已无迹可寻了。东棋盘街先于西棋盘街消失，因威斯汀大饭店 2002 年建成，而五年之后（2007 年）黄浦体育中心才设立。

在老城厢的街（路）名命名上，有趣且形象的做法就是根据该街道所从事的行业特点来直接命名，如：洋行街（新中国成立后改为阳朔路）、豆市街、芦席街、花衣街、硝皮弄、猪作弄、筷竹弄、洗帚弄、引线弄、铁锚弄、面筋弄、百叶弄、火腿弄、香粉弄、盆汤弄、鸡毛弄……这些街（路）名根本不用解释大家就大约知道这些街道命名前主要从事什么工商活动。

说起老上海路名，就不能不说那些洋路名。这些老路名的命名发生在 19 世纪中叶至 20 世纪 40 年代租界时期（图 3）。1845 年，清政府苏松太兵备道宫慕久与英国领事巴富尔共同公布《上海土地章程》，设立上海英租界。此后不久，美、法租界相继辟设。后来，英美租界又合并为公共租界。英、美、法各国在他们的"国中之国"—租界中修筑马路，并给这些马路命名。租界马路命名法大概有以下

图3 1940年代，中正东路西藏中路东望

几类：1. 采用中国地名（如福州路、广东路等）；2. 采用附近的建筑物之名（如静安寺路、圣母院路、博物院路等）；3. 采用外国的地名（如星加坡路、马尼拉路、加尔各答路）；4. 还有大量采用外国人名命名的路。这些用外国人名字命名的路名读起来颇不容易，当时各租界当局都公布了界内路名中英（法）对照表，根据这些官方公布的路名来看，译成汉字字数最多的马路是 6 个字，只有一条：白来尼蒙马浪路（今马当路）。5 个字路名的马路也不多，共四条，它们是：麦特赫司脱路（今泰兴路）；麦吉司梯克路（今南汇路）；阿拉伯斯脱路（今曲阜路）；麦赛尔蒂罗路（今兴安路）。而诸如台拉斯特路（今太原路），格罗西路（今延庆路），白克路（今凤阳路）等 4 个字、3 个字、2 个路名的马路则极多，占租界路名的大半。租界路名中还有一条是 1 个字的——“蓬路”，就是现在的塘沽路，这个“蓬”就是 William Jones Boone（文惠廉）——美国第一位来华传教士的姓音译。这些租界路名中的人名多来自：

1. 与上海近代史有密切关系的人物，如上海英、法租界的缔造者巴富尔 (Balfour)、敏体尼荫 (Montigny) 等。

2. 英、法、美三国驻华的公使、驻沪的领事，两租界工部局和公董局的总董、董事，如阿利国 (Alcock，又译爱而考克)、爱棠 (Edan)、巨籁达 (Ratard) 等。

3. 英、法、美军人，尤其是在第一次世界大战中建立功勋的，如西摩 (Seymour)、戈登 (Godon)、海格 (Haig)、霞飞 (Joffre)、贝当 (Petain)、福煦 (Foch)、潘兴 (Pershing) 等。

4. 在沪活动并留下重要痕迹的外国侨民，如赫德 (Hart)、哈同 (Hardoon)、福开森 (Ferguson) 等。

5. 英、法、美国在沪传教的神职人员，如窦乐安 (Darroch)、白保罗(Barchet)、赵主教(Mgr. Maresca)、姚主教 (Mgr. Prosper Paris)、金神父(Pere Robert)、劳神父(Pere Froc)等。

6. 还有一些西方国家的名人，如英国国王爱德华七世 (Edward Ⅶ)、法国戏剧作家莫里哀 (Moliere)、高乃依 (Corneille)；等等。

图4 1936年，西藏路更名虞洽卿路纪念

旧时租界道路，大多用外侨名字命名，而用华人名字的却少得可怜。最为大家所熟知的有公共租界朱葆三路（今溪口路）、虞洽卿路（今西藏中路）（图 4、图 5），还有两条在法租界，即麟桂路（灵桂路，今长乐路 362 弄）和善锺路（今常熟路）。陶如增，名善锺。浦东川沙县之顾家路人。咸同年间，设马车行，营业甚盛，广置地产于该处。陶氏复热心慈善，对本埠暨桑梓公益事宜，多所匡助。法租界公董局遂以其名名路。但麟桂路坊间却寡闻。法公董局翻译董枢在《上海研究资料》中有篇《麟桂路讲话》，是最早记录麟桂路（灵桂路）的文字，载曰："上海的法租界，是由于 1849 年 4 月 6 日（清道光二十九年三月十四日）麟桂道台的一张布告②而断送！所以在法国人方面，对于麟桂，很是感激的。现在法租界内，在蒲石路之北，巨籁达路之南，迈而西爱路之东，圣母院路之西，有一条麟桂路；这便纪念此位麟桂道台了。"③吴静山在《法租界马路名称考》一文中也提及此路，法公董局特地将这条南北向仅长 147 米的小路"定名为灵桂路，但是不用'麟'字，而用'灵'字罢了。"④灵桂路是条南北向的小马路，因紧挨东西向的进贤路，而常被误传。综合相关老地图和文字记载，得知灵桂路约在 1948 年注销路名改称长乐路 362 弄了。

图5 虞洽卿路路牌

另外，有意思的是上海没有上海路（1943 年，爱多亚路更名为大上海路，1945 年再改名为中正东路），而在其他城市如大连就有上海路。还有，宝山路不在宝山区，徐家汇路不在徐家汇。

上海东北角的路大多以东三省地名命名的，如隆昌路、佳木斯路。以人名命名的，还是取与东北有关的历史人物，如靖宇路。五角场地区的路名又都是带"国"带"民"的，如国政路、国权路、民立路，有强烈的政治色彩和时代印记（与民国时期的"大上海计划"有关）。

浦东地区的路名大多取自山东地名，如东昌路、潍坊路、崂山路、文登路（现改为东方路）等。浦东的道路变化很大，新开的马路，除花木地区以花卉命名和张江园区以科学家命名外，其余马路命名毫无规律可循，且不易记。中国古圣先贤这么多，唐朝的诗人个个如雷贯耳，可以作为路名资源太多了，而为什么现在新路名起得这么乏味难记呢？这应该引起上海路名管理部门的高度重视。

①：谢菊曾"六十年前的棋盘街"（《十里洋场的侧影》，花城出版社1983年4月版，第82页）
②：此布告内容为开辟法租界
③：董枢"麟桂路讲话"（《上海研究资料》上海书店1984年1月版，第333页）
④：吴静山《法租界马路名称考》（同上，第344页）

四、弄堂风情

螺蛳壳里做道场

看到这张木心先生的照片，就想起小辰光弄堂里厢一邻居。听大人讲，这位爷叔老早在洋行里做生活，进出弄堂勿跟人啰嗦，面带笑容，见熟人就拎起铜盆帽以示招呼；有辰光熟人一多，爷叔索性就一路拎着帽子，一路微笑点头。老克勒腔调真浓！后来才晓得爷叔小业主出身，他毕业于圣约翰大学，新中国成立后进入《光明日报》社做法语翻译工作。木心在《上海赋》中写道："也许住过亭子间，才不愧是科班出身的上海人，而一辈子脱不出亭子间，也就枉为上海人。"此言深得上海老弄堂三昧[①]（图1）！

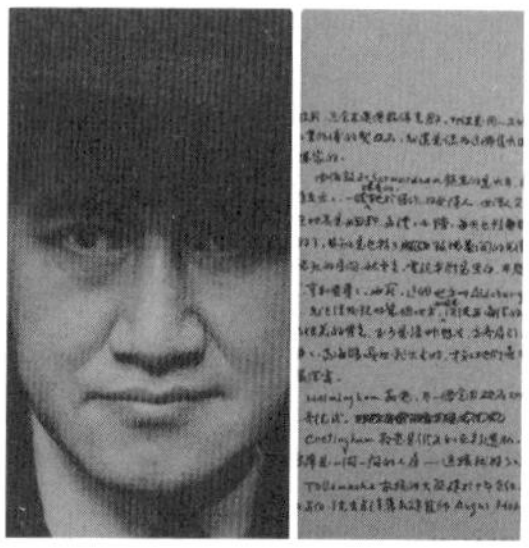

图1 上海老爷叔木心先生及其手稿

上海的弄堂是由上百个一排排紧密联体而立的石库门单元组成的庞大房屋群体。"里"指的是居民聚集的地方，"弄"指的是建筑物间的夹缝通道，里弄是由相连小弄组成的住宅群。华北地区称胡同，上海则称之为"弄堂"。笔者儿时住过天潼路646弄怡如里，此弄堂于2004年被拆除，现为七浦路服装市场（图2）。

图2 天潼路646弄怡如里，2004年拆除。现为七浦路服装市场

石库门弄堂地方小，公用场所（灶披间）拥挤，邻里之间的矛盾在所难免，吵架也时有发生。但是，吵归吵，邻里大多不记仇，今天吵过，如果明天下雨，你还是不忘把隔壁人家晒的衣裳收进房间。这种邻里关系今何在（图3）？！

图3 天潼路728弄葆青坊

依一进弄堂，首先看到公用电话亭（图4），往前紧挨着

图4 天潼路646弄怡如里，2004年拆除

图5 弄堂口小便厕

图6 天潼路727弄泰安里，无田摄于2011年12月21日。此弄堂2014年已拆除

图8 天潼路727弄口粪便池，无田摄于2011年12月21日。此弄堂2014年已拆除

一个便厕附带倒痰盂的粪池，这里终年散发着恶臭。老早弄堂小便厕大多侪是敞开式的，男人家内急也顾不上面子就直挺挺地背站在弄堂口小便（图5)。不过现在这种敞开式便池很少见到，大多弄堂都在弄口砌间小便厕，稍微雅相点了（图6)。

每当清晨，不管男女老少，都会纷纷拎出马桶，放在门口，等粪车一到，倒清马桶，就会听到“唰唰，唰唰”声，响彻弄堂内外，上海女人是用竹刷加毛蚶壳来清洗马桶的，一边刷一边向邻居打听今天的菜市行情。此乃弄堂一景（图7)。后来，粪车也没了，马桶要拎到弄堂口倒入粪便池（图8)。一到夏天，弄堂口臭气熏天，苍蝇开大会，确实有碍观瞻。

图7 上海女人家是用竹刷加毛蚶壳来清洗马桶的

图9 天潼路727弄口过街楼，无田摄于2011年12月21日

图10 南市面筋弄口的电话亭。无田摄于2012年3月8日

在弄堂口上方总有一块标志坊（标志坊是牌坊类的一种，如泰安里，上方刻有建造年份，如1931），作为弄堂空间段落的分隔和标志之用。老里弄大都有过街楼，大部分是一层，少数二层，用作居室，底层腾空，供弄堂内人车通行（图9）。

过去弄堂口都有一公用电话亭，亭内有一二位阿姨专职传呼电话（这些阿姨有的是家庭妇女，有的是退休职工）。那时住户极少有私人电话，只要有来电，阿姨就手拿传呼单，上门传呼："张家姆妈，倷呢子（你儿子）来电话啦！"接单人家会以最快速度赶到电话亭接听来电，因为唔没急事体一般是不会打电话的。这是旧式里弄的又一道风景：传呼电话，前弄堂喊到后弄堂（图10）。

亭子间是石库门建筑中最富原创性的建筑，产生在后期石库门里弄建筑时期，它是夹在灶披间与晒台之间的房间（图11）。我小辰光住的就是9平方米左右的亭子间，一家六口挤在螺蛳壳里过日子，房间太小一年四季四个小孩晚上只能睡地板。上海人的石库门住宅，空间虽小，但功能齐全，吃喝拉撒全在其中搞定，却有条不紊，这全仗着上海人家女主人的持家能力。当你在大马路上见到身着旗袍、款款而行的小姐或太太，一定会被其落落大方、温文尔雅的气质所折服，可你不知道她刚才还在亭子间或客堂间为一些小事与老公或婆婆吵相骂。

图11 亭子间一角

亭子间租金便宜，老底子许多穷困文人和收入微薄的小市民只

图12 台湾路42弄，陡峭的楼梯及亭子间，无田摄于2011年8月

能选择这样的房间。下面是火热达达滚的厨房，上面是风吹雨淋日晒的晒台，坐南朝北，冬寒夏暑，是石库门里厢条件最差的房间。特别是到了夏天，亭子间更是闷热难熬（图12）。

20世纪20年代后，上海租界移民骤增，住房困难加剧，上海人就在二楼房间与屋顶之间加建阁楼，俗称三层阁。为了三层阁的采光和通风,就在屋顶上开窗。这种屋顶窗被上海人称之为"老虎窗"(英文屋顶为"Roof"，其音近沪语"老虎")。图13中阿姨工作单位就在附近，中浪相（中午）抽空回来勿忘记拿衣裳又出去晒晒。记得小辰光经常从邻居家的老虎窗爬出去看屋顶上他家种的太阳花，有次不当心一脚踩空玻璃天窗，双手撑住瓦片，人悬在半空，差点小命没了。

图13 老虎窗，光启南路109号西唐家弄口。无田摄于2012年2月26日

①：木心"上海赋"(《哥伦比亚的倒影》，广西师范大学出版社2006年1月版，第135页)

泡水听书生炉子

小辰光住的弄堂呒没煤气，侪用煤球炉，一般只是烧饭炒菜，而要用热水就到隔壁弄堂的老虎灶去泡开水，一分洋钿一热水瓶，交关方便。老虎灶里厢还可以吃茶聊天，有的还设盆汤，可以汏浴，可谓一举三得。此老上海一景。“老虎灶”一词的出处坊间有两个版本：其一，屋顶英文为“roof”，谐音“老虎”，故将这种烟囱设在屋顶上的灶叫作“老虎灶”。而熟水店烟囱也设在屋顶上，于是熟水店也被称为老虎灶。其二，以前熟水店添燃料处设在墙外，墙上两小窗口如同虎眼，屋顶烟囱则如虎尾，于是被称为“老虎灶”（图 1）。20 世纪 90 年代后，因环境污染缘故，市区内老虎灶大多被拆除，只剩 10 来家。2013 年 12 月 20 日上午，虹口安庆东路 103 号陆明伟家三代祖传的“长兴园”老虎灶终被拆除，上海最后一爿老虎灶消失了（图 2）。

图1 安庆东路103号老虎灶，无田摄于2012年7月

图2 2013年12月20日上午，安庆东路103号“长兴园”老虎灶终被拆除

老上海听评弹叫听说书。小辰光住勒天潼路，斜对过就有一家玉茗楼书场（图 3），记得跟着自家阿哥去听过一场大书，记忆深刻。玉茗楼书场诞生于 1886 年，是上海早期书场之一。20 世纪 90 年代，书场因市政动迁而移至闸北公园旁宋园茶艺馆。由文化部公示的第二批国家级非物质文化遗产名录中，上海的苏州评弹榜上有名。评弹发源于苏州，却发祥兴盛于上海。评弹的命运与老弄堂息息相关，弄堂里厢的那些老苏州、老宁波是书场的忠实听众。

图3 天潼路797号，玉茗楼书场

图4 雅庐书场，顺昌路315号。无田摄于2011年11月9日

如今弄堂大批被拆除，评弹式微在情理之中。前几年，发现顺昌路上的雅庐书场还在惨淡演出（图4），临街部分场地已出租开了杂货店，听书的只能从一旁弄堂边门进场。如今，作为新天地第三期项目，雅庐书场也被拆了（所幸雅庐现已迁至重庆南路308号黄浦区文化馆内）。与上海评弹鼎盛时期的数百家相比，如今要找一家像模像样的书场实属不易。

2011年12月，路过淡水路，又看到一只正在烧水的煤球炉（图5）。如今这种家生越来越少见了。小辰光住勒弄堂里厢，没有管道煤气，每家人家侪少不了煤球炉。每天一大早，生炉子和倒马桶是当年弄堂里厢一道独有的风景。生炉子因为烟忒大，一般要拎到灶披间外

图5 煤球炉，淡水路218号，无田摄于2011年12月18日

图6 灶披间里个煤球炉

图7 弄堂房子后门进去就是灶披间，底楼朝北

图8 东余杭路943弄柳荫小筑，无田摄于2011年8月10日

头去生，等到烟呒没了再拎进灶披间。老早要拿煤球卡到煤球店去买煤球，后来又用煤饼，有的人家自家做煤饼，就可以省两钿。煤球店早就呒没了，估计做煤饼的营生还在，只是很难见到（图6）。

弄堂房子的灶披间勒了亭子间下面，虽有窗子，但窗外弄堂狭窄，高墙挡住了光线，灶披间里总是幽暗的，大白天也要开电灯（图7）。而灶披间大多是合用的，所以各家灶台上装一只电灯，各用各的，也是灶披间一景。灶披间里向来故事多，是人气最旺地方，也是是非之地，侬讲呢？有的人家住勒厢房里，就在天井里搭只灶台；有的干脆在大门外旁侧搭了一小间，做成灶披间（图8）。

上海人对石库门房屋的层次、方位有一种特殊的情感，具体表

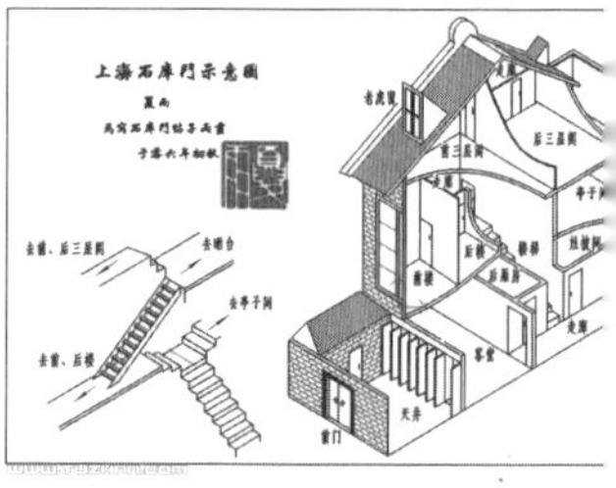

图9 石库门房子内部结构图，网友夏雨为写弄堂帖子而画于2006年初秋

图10 面筋弄6号，烟纸店。无田摄于2012-3-8

图11 瑞金一路高福里弄堂口，烟纸店。无田摄于2011年12月18日

现在邻里之间的称呼上，如“前楼阿姨”“亭子间嫂嫂”“二楼阿婆”等，这些看似不经意的称呼却透露出上海人文化中的精细和典雅，也反射出那种淡化血缘的移民情结（图9）。

老上海的童年回忆，总也离不开弄堂口的烟纸店。如今在上海的大街小巷还存有许多烟纸店（小杂货店）。烟纸店也叫“夫妻老婆店”，门面小，但商品品种杂多，多为居家之必需品，且大多开在弄堂口，还附设传呼电话，亦堪称上海弄堂一景（图10、图11）。

一到夏天吃夜饭额辰光，弄堂里厢每家人家欢喜把烧好额饭菜端出来，在门口或过道放一只小台子（或用凳子，或用几只小凳子再铺上一块木板），就在弄堂里吃夜饭。这是弄堂里最温馨最热闹额

图12 弄堂人家吃夜饭

图13 夏天嘎，坐了门口乘风凉，芭蕉扇散热驱蚊手不离

辰光，不仅可以看到每家人家吃点啥，也是女人家交流烹饪技艺个好机会，更可以听到男人家说点新闻或透露几条小道消息（图 12）。

夜饭后，在炎热的夏天，弄堂人家倷市面全部坐在房间外，因为屋里厢实在太热了。那时没有空调，电风扇是有铜钿人家享受的，平头百姓只能摇着蒲扇散热驱蚊（图 13）。男人家赤膊穿短裤（图 14），小赤佬光身在木盆或塑料盆里汏浴。最后拿块铺板搁在两只木凳子上，让小家伙躺下，大人在一旁边扇风边讲故事。小囡白相了一天（那时孩子回家作业很少）很累了，他们听着听着就很快“到苏州去了”（睏着了），然后大人们抱着自己小人进屋里，自己再洗刷就寝。前半夜，男人家一般以打牌下棋消遣，女人家三五一群围坐聊家常。在弄堂昏暗的路灯下，在石库门局促的空间里，上海人家照样将生活过得很舒适很精致。这就是石库门的文明，上海人的精明。

图14 男人家赤膊穿短裤汏浴

图15 白相麻将，上海闲话叫搓麻将

白相麻将，上海闲话叫搓麻将，比广东话、台湾话的“打”麻将，显得文雅多了。“搓”，是一种细磨细揉慢生活，完全不用那么急吼吼地“打”。上海人搓麻将，大多是白相相，来个尺寸也小，朋友聚聚嘎嘎山河（聊天）小乐惠一下。而且，上海人搓麻将更讲究做花头（图 15）。

记得小辰光隔壁弄堂口就有一爿小书摊，那时家境拮据，少有零用钱（家母每周只给2分钱零花），我偶尔拿出省下的几分钱去小书摊借读一两本过把瘾，大多是远远望着，很是羡慕能常常坐在小书摊看书的孩子。对许多小孩来说，小书摊是他文学梦开始的地方（图16）。

图16 街头小书摊。台湾摄影师张才摄于1942年

剃头白相吃泡饭

小辰光常光顾剃头摊，因为在那里剃头便宜（8分钱）。“叫伊拉剪得短一点，晓得哦？”每次去剃头，家母总要叮嘱再三，因头发剪短一点意味着可以留得时间长一点。那是一个物资匮乏却快乐的童年。剃头摊一般都在弄堂口，光顾额侪是弄堂附近那些常客。坐上椅子，师傅会问一句 :“老样子”，侬点头即是。要剃啥式样、啥价钿，侪心照不宣，邪气方便（图1、图2）！

图1 剃头摊，箴竹路182号门口，无田摄于2011年9月17日

图2 剃头摊，山西南路10弄口，无田摄于2012年5月13日

图3 弄堂游戏之一，刮刮片

图4 老南市蔡阳弄，男小伟唻勒弄堂里厢白相。无田摄于2006年10月15日

图5 白相斗蟋蟀

小囡在弄堂里白相呃游戏（图 3）真是太多了，哪像现在孩子们只会宅在家里玩电脑游戏，因为他们唔没淘伴（玩伴）只能玩虚的。孩子们尽情尽兴在弄前堂后穿梭奔跑（图 4），白相得满头大汗就用龌龊呃手一抹一个大花脸，气得大人骂道："小驹头（小赤佬）皮瑟啦（调皮死了），勿听闲（读艾）话吃生活（不听话挨揍）。"这辰光，小囡才灰溜溜地回家洗脸汏手吃饭。大人们只有在开饭的时候，才会亮起嗓门，唤小孩回家。这种自由自在的幸福，对现在这些整日关在高楼大厦内的孩子来说，是天方夜谭。立秋一到，弄堂里厢老少侪欢喜白相斗蟋蟀（图 5）。

蟋蟀一词，上海人叫法特别，叫蹔尐（沪音shejik，拼音zanjie）。为此特地找来钱乃荣编的《上海话大词典》，一查才晓得，蟋蟀又名蜻蛚（【詩·唐風·蟋蟀疏】：一名蜻蛚），而蜻蛚的别名读jie（《词典》上"jie"字为虫字旁加足字去口，查《康熙字典》《说文》未果，也不想造字太麻烦且无法显示，姑且用"尐"代之）。

要白相斗蟋蟀，先要去捉蟋蟀。记得小辰光有一趟跟同学一道去嘉定捉蟋蟀，在一水沟旁听到有蟋蟀叫，刚要下手捉拿，不知从哪冲出好多老乡叫喊着要抓我们，吓得我们四处逃窜。有一同学逃得慢被抓了，老乡罚他干农活，说我们这帮捉蟋蟀的踩坏了他们的菜地。回到家，我发现自己脚崴了，红肿起来，痛得不能动了。还

图6 上海人早点爱吃的泡饭

图7 瑞金一路高福里一角，无田摄于2012年2月4日

好在暑假里不用上学，但白相的事就别想了。

上海人吃泡饭的历史由来已久，谁也说不清始于哪个年代，但有一点是肯定的：它比上海历史长。爱上泡饭理由很多，但省时简便是让勤快而讲实惠的上海人对此情有独钟的最大理由。年龄超过四五十岁的上海人都有这样的记忆，晚饭是一家团聚的时刻，正餐自然不得马虎，“有余”的传统总让每家吃完后留有剩饭，也让第二天吃泡饭成为可能。过去没有冰箱，记得家母总会把剩饭放进饭篮子（一种竹编的淘篮，上面有环形柄，并有盖。这种篮头现在上海难得一见了）挂在窗口通风过夜，以防剩饭变馊（质）。到了第二天的早晨，冷饭团用热开水一泡，便是一顿早饭。这种半成品（剩饭）制作倒类似如今年轻人喜用额方便面，不过泡饭要比方便面环保多了，它没有任何添加剂（防腐剂、香精等），只是因少油水易产生饥饿感，若用油条做佐菜感觉会好一点。但闲话讲回来，那个年代百姓只求吃饱，温饱美味是极少数人额享受。现在生活条件好了，泡饭基本勿吃了，有辰光到饭店点一碗海鲜泡饭，算是怀旧但味道不再（图6）！

弄堂居民南腔北调。有趣的是宁波人与苏州人吵相骂，宁波人语速快，没等苏州人骂上一句，宁波人早就骂上几句了。而苏州人涵养好，不慌不忙地一句一句回敬，“耐阿要弄只尼光吃吃？”吵架还带商量口吻，侬服帖哦？弄堂口过道里，女人家欢喜咪嗨一道嘎山河，家长里短，侪是非之地（图7）。

上海里弄生产组创办于1958年，当时一大批家庭妇女走出家门，

图8 1950年代末，里弄生产组

图9 1950年代末，里弄生产组

图10 1950年代末，里弄生产组加工电子产品

图11 里弄加工组运送产品

图12 弄堂房子楼梯窄且陡，搬大橱、棕绷等大家什时，只能从窗口搬进去

组成里弄生产组（图 8—图 10）。到了 20 世纪 70 年代，又有大批病休青年和从农村返回城市的知识青年走进了里弄生产组，成了生产组的第二代员工（图 11）。

过去唔没搬场公司（新中国成立前是有搬家公司的），啥人家要搬场就请来兄弟、同事、朋友等一大帮人。请人帮忙还勿算麻烦，顶顶麻烦呃是大衣橱、棕绷等大家什搬勿进去，勿像现在家什可拆掉再组装，

图13 天潼路727弄泰安里水井，无田摄于2011年12月21日

老早只能从窗口搬进去，上拉下顶，真吃力煞了（图 12）！

讲起“洋井水”来，弄堂老朋友一定记忆犹新。洋井水即深井水，它从地下抽取水源，通过水塔、管道输送到各个自来水龙头。2011 年，去天潼路山西北路一带的泰安里，为即将消失的水塔和水井留影（图 13、图 14）。小辰光夏天买来西瓜，先浸泡在井水里，等到晚饭后，乘风凉吃冰西瓜，爽透了！

图14 三泰路19号上的深井水塔，无田摄于2011年12月21日

小辰光居住的弄堂建于 20 世纪 30 年代，狭窄的石板路两旁有一排排三层高土木结构的石库门楼房，除了三楼晒台晒衣裳外，侪习惯倷衣裳晒在弄堂里厢，走进弄堂，“万国旗”迎风招展。此弄堂

图15 瑞金一路高福里，无田摄于2012年2月4日

图16 新中国成立前，公用给水站

图18 阿姨大妈在给水站汏菜洗衣，忙得不亦乐乎

图17 给水站水管子林立

一景（图15）。

新中国成立前，上海将近有100万居民没有自来水供应，故公用给水站应运而生（图16）。最早的给水站出现于1928年。1950年，给水站355座，用水人口近20万，很多地方是用井水。1979年达到高峰，全市给水站4490座（图17、图18）。据报道，1999年6月，位于卢湾区丽园路713弄内的上海最后一座公用给水站被拆除。从此给水站留在老上海人的记忆之中。

现在额小囡放学回到屋里厢，要么埋头做作业，要么白相电脑游戏，唔没淘伴，真是可怜。这让我很是怀念小辰光的小小班。老早，住额附近的同学组成小小班，放学或假期里一起做作业和游戏，真开心（图19）！“文革”中有一部电影《向阳院的故事》（浦克主演），讲的就是小小班的故事。

图19 东余杭路弄堂，无田摄于2011年8月24日

零食汏浴康乐球

图1 这个口袋空空的小女孩站在零食摊旁，只得眼巴巴地看着喜欢的糖食

老早弄堂里厢最闹猛的就是此起彼伏的零食小吃吆喝声："阿要盐金花菜黄连头！刮喇松脆山北盐炒豆！"苏州阿姨跟宁波爷叔比啥人叫得响亮。下半天三四点钟，小赤佬侪放学，好戏就开场了。不过，那时口袋里的零用铜钿少得可怜，袋袋空的辰光只有干瞪眼额份（图1)。老底子小贩卖的五香豆腐干，也是上海市民爱吃的零食，边煮边卖，一锅豆腐干往往要煮几小时，浓香扑鼻，美味可口，下酒零食皆相宜（图2)。

每到夏天，弄堂里厢的小驹头放学路过冰棒摊头就问："断冰棒有哦？"要晓得当年省下一分钱，就可以到烟纸店或零食小摊头上买一根陈皮条或一小包盐津枣吃吃。那时最喜欢吃的是赤豆冰棒，有辰光额角头碰到天花板，吃到有大半根赤豆的冰棒（图3)。

夏天，弄堂人家倷市面侪做勒房间外，因屋里厢实在太热了。

图2 五香豆腐干也是上海市民爱吃的零食

图4 弄堂路边的冲凉也是上海夏大一景

图3 小朋友一字排开，人手一根冰棒，似有摆拍之嫌

那时没有空调，电风扇也勿多，大家只能摇着蒲扇散热驱蚊。男人家赤膊穿短裤，直接蹲勒龙头下冲凉，小赤佬只只光身“小猪猡”，在盆里汏浴（图 4）。

天热，弄堂人家可以在弄堂里厢汏浴，可是到了冬天男女老少就只好去混堂汏浴了。混堂里三教九流侪有，脱光后大家平等相处，除了汏浴，还有擦背、捶背、扦脚、推拿、剃头、擦皮鞋等服务（图 5—图 7）。前段日子我顺道又去过一趟南市丽水浴室，董家渡那里拆了一大片，浴室暂时未动，但老板王浩说恐难保住。

据说康乐球始于民国时期（暂无从考证），被称为老弄堂里的“斯诺克”。“文革”前，弄堂里厢还常常能看到有人打康乐球，两只方

图5 丽水浴室，王老板在浴室视窗服务（卖筹子）。
无田摄于2012年3月14日

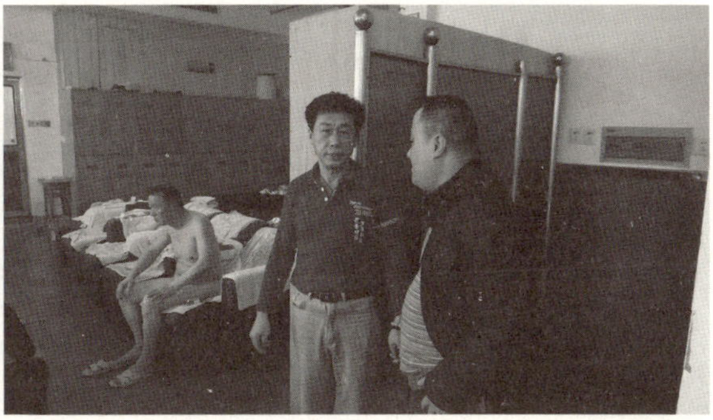

图6 丽水浴室一角。面对镜头者是服务了几十年的邬师傅

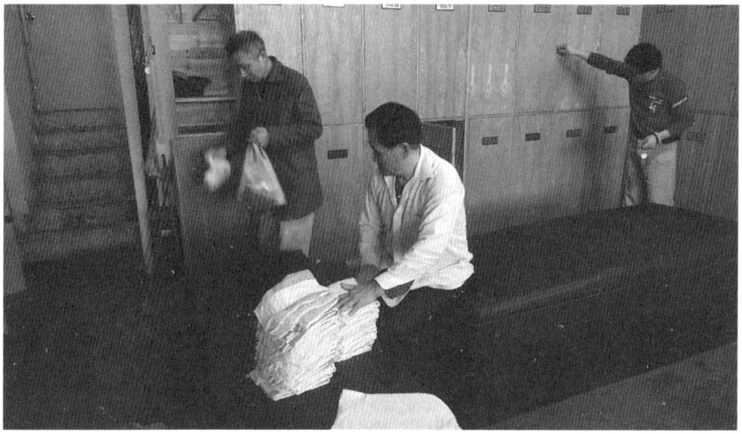

图7 丽水浴室一角。无田摄于2012年3月14日

凳叠起来，上头再搁上一只方盘，就开打了。当年年纪还小，人比台子高勿了多少，只有旁边起哄额份。坊间传说，早年老北站附近的康乐路上一家木器店老板制作了击打棋子状木子进洞取乐的木质方盘。当时参与的人都觉得很好玩。后来就以这条路名来命名此游戏。游戏很可能由落弹得到启发的（图 8）。

小辰光没有电视机，也没有网络，到百乐门跳舞也只是少数老克勒的娱乐活动，电影也不是经常看呃。所以，娱乐活动都在弄堂里厢，如打牌着棋。天热，夜饭后，路灯下，看棋的比着棋的还要闹猛：“将伊军”喊勒比啥人还响。真是“皇帝勿急急太监”（图 9）。

网友华弓讲：“阿拉小辰光最感兴趣的就是爆炒米花”（图 10）。是额，小辰光吪没啥吃，还是舍得拿点洋西米或年糕片去爆了吃。

图8 董家渡路546号，康乐球俱乐部。无田摄于2012年3月30日

图9 东台路17号门口。无田摄于2012年1月24日

图10 山阴路爆米花。无田摄于2012年3月20日

图11 2011年12月18日无田摄于顺昌路合肥路口

小驹头侪欢喜围了爆炒米花机旁边，听一声：“轰”！随后一股白烟冲上天，开心啊！某天路过顺昌路，见爆米花的老头一时呒没生意，蹲勒路口呼香烟，歇一歇，我就用手机抓拍了他（图11）。

玩车是每个孩子的梦想。小辰光最梦寐以求的是做一部弹子盘（轴承）车（图12）。小木板和长方木还好搞到，最难弄到手的还是弹子盘。后来挖空心思求邻居从厂里废旧仓库里“偷”出3只弹子盘来，才做成了“车子”。驾车的，乘车的，还有推车的……满弄堂都是孩子们的笑声，玩疯了！后来弄堂小囡白相带轮盘的滑板车了。

相信50岁以上个朋友侪记得小辰光刻花样故事。刻花样类似剪

图12 滇池路外滩，孩子们在玩弹子盘车，荒牧万佐行摄于1967年1月27日

图13 刻花样

纸，但工具不一样（一个用刻刀，一个用剪刀），且较易上手。当年刻的花样有原创的，但大多数取自小人书图样。刻好一张得意的花样，当宝贝小心翼翼夹勒书里，只有老要好的朋友之间会交流翻刻（图 13）。

老早弄堂里厢经常听到各种小贩的叫卖声，有卖吃的还有卖用的，小囡听到后馋佬虫爬出来，马上会奔到门外头，看看有啥好吃东西。那天在长乐路中和邨闲逛，真巧碰到叫卖甘蔗的小贩，有位穿睡衣的女人正在买甘蔗，我立勒后头立刻揿下快门（图 14）。

图14 长乐路，中和邨。无田摄于2012年2月4日

弹街路绝迹，永存记忆中

若不说这张照片是何时何地拍的，你很难想象 2006 年 10 月上海黄浦区青龙桥后街（过去这里地属南市区，后来南市区并入黄浦区，现称新黄浦区）还有老上海遗留的弹街路。从照片中我们可以看出这条街原来是一条弹街路，尽管路的中央铺上水泥，但路两侧的卵石块仍清晰可见（图 1）。

对老上海来说，弹街路真是再熟悉不过了，它有几百年的历史。由卵石、块石铺筑的弹街路，在 20 世纪 50 年代达到鼎盛期，全市约有 400 条，总长达 800 公里。弹街路渗水好，又接地气，坏了修理也十分方便。不足的是硌脚，且容易松动，一到雨天路面就坑坑

图1 青龙桥后街弹街路。无田摄于2006年10月15日

图2 南市新街弹街路。无田摄于2009年10月4日

图3 普育西支路弹街路。无田摄于2006年10月29日

洼洼、泥泞不平，稍不慎还溅了一身脏水。但石块松动也有“好处”，小孩可悄悄地拿回家给母亲腌制咸菜当压石用。与其相比，如今的水泥路坏了就要开挖一大块，事后打上难看的“补钉”，一下雨还容易积水。可见，弹街路与水泥路各有利弊（图2）。

上海近10年的发展是惊人的，有多少幢高楼大厦拔地而起，有多少条道路换了新装（水泥或沥青）。难怪海外归来的老上海如今都迷了路，再也找不回记忆中的上海。老上海的石库门、有轨电车、老虎灶、弹街路已离我们远去，如今难觅它们的踪迹。老南市区，即如今的黄浦区地界董家渡附近还能依稀看到一点过去岁月的痕迹，但自2010年上海世博会开办以来，那里已成为一块热土，现代化的建筑和道路逐步取代老城厢的石库门和弹街路，仅存的一些老上海痕迹或永远成为我们的记忆。许多上了年纪怀有老上海情结的人们，他们正在用相机抓拍这些珍贵的镜头，因为稍加迟疑就无迹可寻了。再过几年，上海的小孩子将只能在老照片中，或影视基地，或博物馆里才能见到他们长辈所依恋的、原汁原味的弹街路。

我生于斯长于斯，与上海这座城市有50多年之情缘。2006年起，我开始街拍，关注上海城区之细微变化，特别是有了数码相机后更是随机随拍，生怕错过机会。我向别人多次打听上海弹街路的现状，问在哪里还有完整的弹街路。得到的回答都不尽我意，最近还特意

图4 普育西支路近貌。无田摄于2017年2月28日

图5 普育西支路陈阿婆坐在家门口。无田摄于2017年2月28日

去董家渡街道打听弹街路，但他们也搞不清楚。无奈我只身深入董家渡街头巷尾，逢人便打听情况，但那里也早已人非物是，居住的大多是外来人员，对我的询问好生奇怪，只是摇头。幸亏我问了一位当地的老人，她告诉我在青龙桥后街附近好像还有一条弹街路，但不完整且很短，可能那里马上会动迁，叫我赶快去看一下。我立马赶到那里，果然如老人所言。我端起照相机，拍下了上面的照片。

拍了青龙桥后街的弹街路后，又找到了普育西支路，拍下照片又录了视频。照片中的陈阿姨还与我聊了几句，她说这条小路常有人来拍照，我问她这里什么时候拆迁，“不知要等到猴年马月才能拆迁。”她摇摇头，无奈地回了一句，手上还提着马桶。三年之后 (2009年)，在老南市又找到第三条弹街路，即新街（图 3)。

2017 年 2 月 28 日，再访普育西支路，还想顺便打探片中陈阿姨近况。走进一看 : 弹街路早在 2010 年世博会期间改成水泥路了，但小路两旁的旧房依旧未拆迁，陈阿婆与家人、邻居正在孵太阳（图 4、图 5)。10 年过去了，当年的陈阿姨变成陈阿婆，她还苦苦坚守在都市里的村庄中。令人唏嘘不已！她很惊讶我 10 年后还来此地找她，跟我聊了一会普育西支路的往事。我临走时，她还特嘱托我将普育西支路老照片印出来送她。真没想到陈阿婆还住在原处，不然，老照片这次就送上了。

传呼电话，已消失的老行当

图1 面筋弄传呼电话亭。无田摄于2012年3月8日

传呼电话消失在上海街头巷尾已近20个年头了，本来不想再提旧话，但一想到当年电话（宅电）就像住房一样的稀缺，而如今不要说宅电，连手机都是人人标配的工具，真有恍如隔世之感叹。这种记忆太深太深，想忘记真难，还是在此唠叨几句，与读者一起再聊聊旧话往事（图1）。

传呼电话是公用电话的一种，主要服务对象为城镇居民。1949年，上海城内仅有公用电话436部（大多分布在各机关、企事业单位），城镇居民，除高干等特殊家庭外，没有宅电，打电话实在太难。为了让老百姓用上电话，自1952年8月起，上海试行传呼电话服务，1953年年底在市区全面推广。不过，除了速度的快慢，当年打电话难并没有妨碍我们相互传递信息，因为还有书信，它更能全面、人性地表达信息。那个年代识字能写几行的普通人，一辈子写得最多的便是家书，而不是什么“思想汇报”“工作总结”之类新八股文。那些在街头路旁摆测字摊的老先生，尽管打着“测字算命”的招牌，其揽到的主要生意却是代写书信。不敢想象人们要是从来就是像现在习惯于用互联网或手机交流信息，还会有《二地书》（鲁迅）、《爱眉小札》（徐志摩）和《傅雷家书》吗？！

说起传呼电话，就不能不提传呼电话亭，还有那些为居民传呼服务的爷叔阿姨（大伯大妈）们。电话亭一般设在弄堂口过街楼下，透过一扇小窗就能拿到放在搁板上的电话，狭小的亭子（约三平方米）里一般坐着两位服务员，他们大多由退休的爷叔阿姨担任。居民要跟啥人通话，就先打电话到对方所在地的传呼电话亭，由电话亭服务员记下来电号码或简单内容后，上门通知被叫户。被叫户接到话单，再到传呼电话亭回电。叫一次3分钱，打电话每三分钟4分钱。

生意好额辰光，排队打电话，但不会等很长时间，因为那时老百姓没有那么多闲钱来煲电话粥。最忙的还是叫电话的阿姨爷叔，忙额辰光伊拉来不及叫唤，嗓门大额走出电话亭，就扯开嗓子叫了起来："张家姆妈，拿（nǎ 上海方言：你们）伲子（儿子）夜饭勿回来吃勒，勿要回电了。"叫唤声从弄堂口直送后弄堂，整个弄堂（大家）晓得伊拉伲子（她儿子）有女朋友了，因为那时根本没有公款吃喝之类的应酬。电话亭传呼的阿姨不但信息灵通，而且对弄堂里情况了如指掌。若探亲访友忘了门牌号头，到电话亭一问就晓得了。那时候，住在一条弄堂里的人，大家没有什么事好隐瞒的，街坊邻居有点矛盾，吵过算数，还是不忘相互关照，那种情同一家的温馨是弄堂生活一道独到风景，令人刻骨铭心、回味无穷（图 2）。

截至 1985 年，全市共设立传呼电话服务亭 3257 处，覆盖市区 1000 多个居委会，服务人员有 1 万多名。传呼电话年话务量最高时曾达到 1 亿多次，占全市通话总量的百分之十，营业收入占市电话局年收入的百分之九。上海成为国内传呼电话网络覆盖面最广、服务最完善的城市。

上海传呼电话的服务时间一般为早 7 时至晚 7 时。为解决市民半夜里应急通信的需要，1991 年，全市安装了 2000 多部"夜间应急电话"，服务时间为晚 10 时至翌晨 7 时，基本遍布上海市区，满足了市民夜间紧急通信的需求。

图2 传呼电话亭里，为居民传呼服务的阿姨

曾记得，住宅电话是身份地位的象征。小时候住的怡如里后弄堂的陆家就有宅电，“文革”时陆家在复旦上学的儿子带领一帮同学抄了自己的家，革了他老子的命。弄堂里厢的一帮小赤佬趁乱混进陆家大宅，第一次见识了私人电话，很是羡慕，因为那时你即便有钱也未必能装上宅电。20 世纪 80 年代之后，宅电渐渐走入百姓家里，市民排队申请安装，三四千元的安装费仍然挡不住人们申请的热情，真的有点像如今申请轿车牌照（一张牌照最高达 10 万多元）。进入 20 世纪 90 年代，住宅电话大扩容。记得我家是在 1990 年安装宅电的，当时安装费已降至 1000 元 (图 3)。小女阿园有福，她一出生家里就有电话，没过几年家里又多了一部爱立信手机。1997 年，全市一年就安装了住宅电话 70 万门。自该年起，全市的传呼电话业务量开始逐年下降。截至 2000 年年底，上海全市共有传呼电话服务站近 4000 个，电话 1.2 万部。随着住宅电话的普及和移动通信的发展，上海的传呼电话自 21 世纪初开始逐渐退出市民生活。

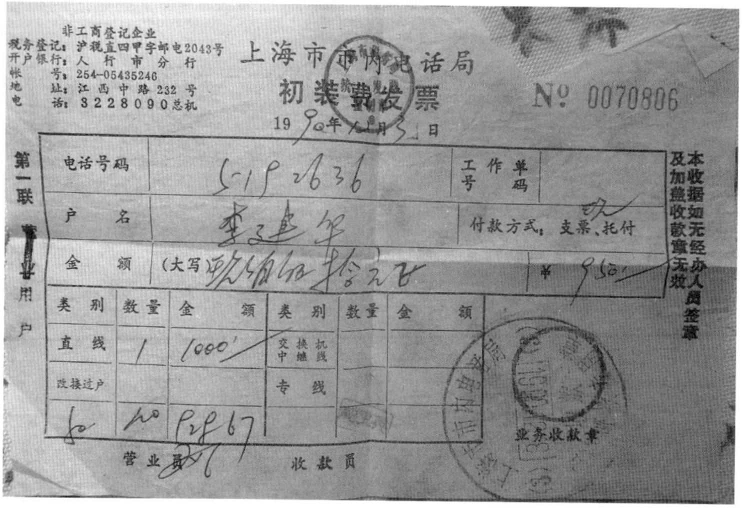
非工商登记企业
税务登记：沪税直四甲字邮电2043号
开户银行：人行市分行
帐　号：254-05435246
地　址：江西中路232号
电　话：3228090总机

上海市市内电话局
初装费发票

№ 0070806

19 90年 月 日

第一联 用户

电话号码			工作单号码		
户名			付款方式：支票、托付		
金额	(大写)		¥		
类别	数量	金额	类别	数量	金额
直线	1	1000	交换机中继线		
改接过户			专线		

本收据如无经办人员签章及加盖收款章无效

营业员　　收款员　　业务收款章

图3 1990年，电话初装费发票

五、逝鸿片羽

一张老照片，一段世纪缘

2015 年 9 月 20 日，网友嘉杰在新浪微博上贴出一组家藏老照片，其中一张合影引起了众多网友关注。这张照片中，除了梅兰芳大师外，我也只能认出导演费穆（1906—1951）和黄佐临，其余几位都不认识，但猜测他们是电影或话剧界的。私信问嘉杰："片中有你亲戚吗？"他从父亲那里得到确认，片中后排左一是他二舅公陈兆良先生（又名陈良），当年他是卡尔登大戏院（后改长江剧场）经理，费、陈两家是世交，其余人他父亲也认不出（图 1）。

这张合影可是张家压箱底的老照片，为了弄清楚老照片背景故事和与他舅公陈良先生一起合影的那几位前辈为何许人也，嘉杰才贴在网上的。嘉杰父亲张国栋先生回忆道："家母（陈素绚）刚去世

图1 1942年12月24日，梅兰芳先生与费穆等合影于卡尔登大戏院

不久，许多事情现已无法考证了，但她生前一直说起费家。”张国栋的外祖父陈继君先生早年是河北(直隶)临城矿务局(华比合资)买办，1924年费穆先生就在该矿务局上做会计主任（《上海地方志》记载费穆先生在“盐城矿务局做会计”有误)。费穆会讲英、法、德语，之后还在洋行做过事。但这些都不是他兴趣所在。转行做电影导演是后来的事。张先生接着说道：“家母与费穆以兄妹相称，叫巫梅小姐(费穆之妻）为费家嫂嫂，陈、费两家新中国成立前来往甚密，当年父母（张松庭、陈素绚夫妇）结婚时费穆还送上一千大洋厚礼祝贺。”但费穆先生1951年英年早逝，加之费家后人于新中国成立前夕就离开上海去香港定居，从此两家失联。陈素绚老人晚年越加思念费家，常嘱咐儿子要设法寻找费家后人。张先生一直在打听费家后人的消息，只听说费穆大女儿费明仪在香港生活，可找不到她的联系方式，希望笔者能帮助他寻找，了却他母亲大人夙愿。

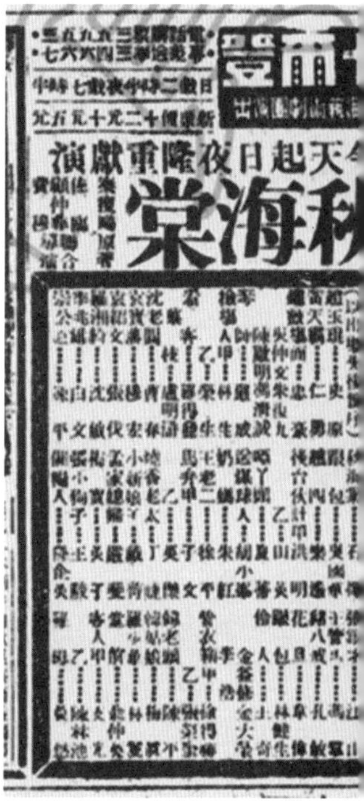

图2 1942年12月24日《申报》广告《今天起日夜隆重献演秋海棠》

张家嘱托之事，经我在网上一番地毯式求助联络，终于有点眉目。笔者从《新京报》记者陈然那里得到费明仪女士邮箱后，10月12日下午就试着写信给费女士，并附上这张合影照。没想到次日凌晨就收到费女士秘书黄女士的回音：“李建华先生：来信收到，已转给费女士。现告之费女士将在十月十九日到上海。到上海后费女士将会与你联络见面。”并留下联络电话。随即我把这个消息转告张先生。

半个多世纪的失联终于接上头了！张先生激动不已，每天扳着手指算日脚（日子)，期盼与费家大小姐费明仪女士见面的那一天！

10月21日中午，延安饭店大堂，费明仪、张国栋姐弟终于握手欢聚，重续两家前缘。在聚宴上，讲一口地道沪语的费女士将合影照的背景故事娓娓道来：“搿张照片我也有，就是搿位(指陈兆良)先生一时想勿起来是啥人。其实老早小辰光我常去陈家白相，叫伊陈伯伯。年数长了，竟然认勿出了。其他几位我侪叫得出名字额。”

1942年12月24日，圣诞节前夜，上海艺术剧团的话剧《秋海棠》在卡尔登大戏院首演[①]（图2)。那时上海沦陷，日军进入租界，梅兰芳先生坚持不为日本人唱戏，客居香港蓄须明志，且极少在公众场合露面。但闻好友导演的《秋海棠》上演，他是一定要来捧场的。

①：《申报》(1942年12月24日，第7版)广告《卡尔登今天起日夜隆重献演秋海棠》

戏后，梅先生还上舞台与该剧主创人员及剧场经理等人合影留念（梅先生蓄须的照片极少见）。合影名单：前排左起金信民（民华影业公司老板，费穆导演的电影《孔夫子》监制人）、费穆（《秋海棠》导演之一）、梅兰芳、顾仲彝（《秋海棠》导演之一）；后排左起陈兆良（卡尔登大戏院经理）、黄佐临（《秋海棠》导演之一）、林圣时（卡尔登剧务）。

当年，根据秦瘦鸥原作改编的话剧《秋海棠》创造了连演5个多月、200余场的奇迹，而且一票难求，打破了卖座纪录，是话剧有史以来最为成功的一次，即使我们今天似乎也无法想象当时万人空巷的场面。本剧由费穆、顾仲彝、黄佐临联合导演，石挥、沈敏主演。

席间，费明仪女士聊起了父亲费穆及家世（图3）。费家于20世纪三四十年代住姚主教路（今天平路）288弄树德坊。1949年5月14日，费家离开上海去香港定居，后来回来过几次。1950年，费穆重返北京，曾经参演他执导的《狼山喋血记》的江青却要他写一个检讨，费穆接受不了江的冷脸，也知道北京不宜久留，只好再返香港。讲起父亲改行做电影往事，费女士回忆道："屋里厢反对爹爹去电影院做事体，好好的会计主任勿做。而伊的姆妈，也就是我的祖母支持伊。而我的太祖父是宫廷御医，屋里厢是书香门第，怎么可以与戏子为伍。勿像现在明星吃香。爹爹要做（电影）的事体，等于闹家庭革命。爹爹1933年就加入《城市之夜》，这是他第一部电影。但伊艺术生命勿长，1951年突发心脏病就去世了。在短短近20年内拍了交关电影，还有话剧。"聊着聊着，仿佛时光倒流，大家沉浸在绵绵的回忆之中……

图3 2015年10月21日，费穆之女费明仪女士（右二）与张国栋（左二）、张嘉杰（左一）父子及笔者合影

福州路上现存最老建筑——沪北三山会馆

2014 年在网上偶然发现两张 20 世纪 70 年代福州路街景的老照片（图 1、图 2），但对其街面生疏，不知它是哪段街景。用放大镜仔细看其中的一张照片上的门牌号，依稀可见三位数，首位看不清楚，后两位像是“87”。依据这几个数字，再看沿街建筑的拱门样式，先圈定其位置在福州路西段，且不是商店或民居街面。经查《老上海百业指南》（简称《上海市行号路图录》，下同），发现这两张照片就是福州路 687 号近云南路口的“三山会馆”门前街景（图 3），照片中墙上还残留“文革”时期的标语。当时手头没有其他老照片佐证，就拿着这两张老照片让福州路 687 号及其周边居民辨认，他们都说没印象、不记得，即便是中老年居民也淡忘了。

图1　1976年，三山会馆门景（Michael Rank摄）

图2　1976年，三山会馆门景（Michael Rank摄）

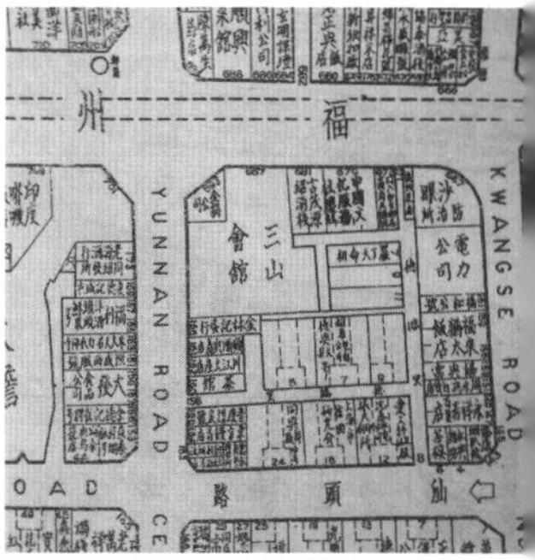

图3　福州路云南路口三山会馆《上海市行号路图录》老地图截图

后经席子兄联系，找到了这两张照片的拍摄人迈克，并很快收到了他的回音：

> 收到席子的来信很高兴，得知你想将我的三山会馆的照片两张引用，欢迎，没有问题，请你将你写的作品寄给我吧，我是 1975—76 复旦大学留学生，1980—84 年驻北京路透社记者，1983 年以来没有回去上海，很遗憾！
>
> 如需要能把这两张照片寄给你。
>
> 敬礼
>
> Michael Rank
>
> 伦敦 2015 年 1 月 24 日 4:30（星期六）

得到迈克的佐证后，为了解福州路三山会馆的前世今生，我上网搜索“三山会馆”信息，发现网上图文说的全是中山南路三山会馆，没有我想要的信息，暂且放下此事。2015 年 1 月，机缘巧合，去了

图4 1933年四马路三山会馆门前(《摄影画报》1933年第9卷第33期第7页)

中山南路1551号三山会馆(此处会馆是由原半淞园路沪南三山会馆移位重建的),结识了会馆管理处的叶远韬老师,与他聊起福州路三山会馆的事,并拿出老照片请他辨认。叶老师也是第一次见到此照,但立马认出片中建筑,原来他有一张1933年启昌照相馆拍摄的四马路三山会馆门前发大水老照片,两者对上号了(图4)。不久收到叶老师发来的老照片和1950年福州路687号三山福宁会馆填制的《上海市公所会馆山庄联合会会员业务概况调查表》(图5)。

那么,三山福宁会馆为何这么快就被人遗忘了?之前我也只听说老南市半淞园路上有处三山会馆。三山福宁会馆是哪一年创办的?它与老南市的沪南三山会馆有何关系?新中国成立后,它还正常运作吗?它沿街门面何时被改造成如今的模样?带着一连串的疑问去图书馆查史料。《上海研究资料续集》中载曰:“三山会馆福州路光绪二十三年福建福州建宁两府人公建。”①从史料中得知福州路三山会馆于光绪二十三年(1897年)创办,早于沪南三山会馆(1916年)。令人不解的是《上海研究资料》中只字未提“沪南三山会馆”,《上海市行号路图录》中也没有半淞园路三山会馆的标识。而《上海文物博物馆志》在介绍沪南三山会馆文字中对福州路三山会馆也是一笔带过②:

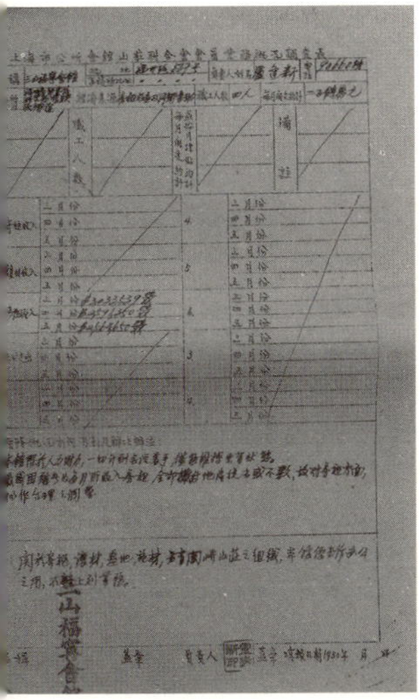

图5 1950年三山福宁会馆业务概况调查表

> 在南市区中山南路1151号,福建旅沪福桔青果业商人公建。三山为福州以及福建的别称。这个行会组织始于清同治初年,在里仓桥赁民房设三山公所,光绪二年(1876年)所租之屋为业主收回,遂在沪军营沪杭车站对面购地2千余平方米。建公所,祀湄州天后,惟房屋简陋,于宣统元年(1909年)由同业商人集款重建,三年夏开工,至民国5年(1916年)冬竣工,改名沪南三山会馆,因光绪二十三年(1897年)福州、建宁两府商人在福州路云南路口建三山会馆,故有南北之别。

高红霞主编《上海福建人》(1843—2008)(以下简称《高文》)中提道:“民国以后,上海被称之为三山会馆的有两处,一处在福州路云南路口,一处在南市半淞园路239弄31支弄15号,后者从前者析出,因此成立时间晚于前者。”《高文》对福州路三山会馆记述如下③：

三山公所，初创于1863年左右（清同治初年），位于福州路687号，近云南路口。亦称三山会馆、三山福宁会馆。三山取自福州城内于山、乌后山和闽山（一说九仙山、闽山、越王山），故三山也是福州的别称，三山会馆就是福州会馆。同治初年，三山会馆由福州、建宁果橘商人所建。新中国成立初仍具一定规模，在福州路有671弄石库门住宅三幢、福州路673-693号及云南路174号店屋若干。三山福宁会馆会员多为果农或在在沪经营无字号之果商。民国时期，“每年一次会员大会，理事会每月一次”，收入主要靠房租，新中国成立前有会员60余人。除了“研究商情、联络乡谊”外，还资助一些医疗卫生、文化教育、儿童福利、恤孤、资遣等事业。如光绪十七年（1891年）所置闽峤山庄，其址在徐家汇天钥桥路636号，有平房六进及墓园坟山共计20.169亩，主要办理施材、义葬、寄柩等，新中国成立初尚有棺木220余具。

1950—1951 年，尚有理事 9 人，他们是：吴宏士、叶元勋、黄安惠、李彤然、林其忠等。监事 3 人，职员 2 人，工友 2 人。三山会馆主要负责人陈润南，行政负责人卢逢新。

对照《上海研究资料续集》《上海文物博物馆志》所载，《高文》中将会馆开办年份提前到同治初年（约 1863 年），但文中没有说明出处。另从 1950 年福州路 687 号三山福宁会馆填制的《上海市公所会馆山庄联合会会员业务概况调查表》中获悉，三山福宁会馆当年人力财力捉襟见肘，“一切计划无从着手，仅能维持原有状态。”由此可见公所于建国初已停止活动，场地或移作他用或闲置。2007 年上海市正式启动本市第三次全国文物普查，2011 年结束普查，随后上海文物局公布了不可移动文物名录（4422 处不可移动文物清单）。其中黄浦区的 423 处中记载了福州路三山会馆④：

310102943180000251 三山福宁会馆旧址　清　南京东路街道

该处（云南中路 168 号）简称“三山会馆”，于 1874 年（清

图6　福州路三山会馆局部内景（2013年5月）

图7 福州路云南路口三山会馆外景.无田摄于2015年2月

图8 福州路东南望.无田摄于2018年8月30日

图9 云南中路168号近福州路口，三山会馆旧址。无田摄于2018年8月30日

图10 福州路西眺中间旧楼为正在拆迁中现存的福州路最老建筑三山会馆。无田摄于2018年8月30日

代，同治十三年）由福建旅沪先辈们集资创建，建筑式样为二层中国传统式楼宇建筑。建国后曾先后作为地段医院、云南中路幼儿园（1981年创办）。1996年经旧房分割装修后作为上海市黄浦区科技实业总公司计算机应用发展分公司。原建筑外貌已被破坏。

从上述记载获悉，会馆原福州路687号门面因改建为商铺，改从云南中路168号出入。原旧房已经分割装修，外貌也遭破坏，虽内部仍存有遗迹，但终因等级太低，未列入历史保护建筑，仅有普查名录而已。现今变为家具卖场。作为早期基尔特（Guild，同业公会；协会）组织的三山福宁会馆早已衰落，被人遗忘在情理之中（图6、图7）。

2018年8月，我再次走访三山会馆遗址，获悉北海小区地块征收拆迁已进入倒计，还破例做了一回“爬楼党”拍了个俯瞰全景照，见三山会馆旧楼尚存，内心顿生一丝希望。经朋友向黄浦区规划局核实，得到了保留这幢历史建筑之佳音。几年来悬着的心终于放下了（图8—图10）！

①:《会馆公所一览》(《上海研究资料续集》上海书店1984年12月版，第148页)
②:《上海文物博物馆志》(上海社科院出版社1997年6月版，第205页)
③:高红霞主编《上海福建人》(上海人民出版社2008年12月版，第243-245页)
④:上海市第三次全国文物普查不可移动文物名录(上海文物局官网2012年6月6日公布:http://wgj.sh.gov.cn/node2/n2029/n2031/n2062/u1ai107979.html)

江阴路九福里

江阴路，旧称孟德兰路，东起黄陂北路，西至成都北路，全长约 400 米。方毅丰先生从小就住在江阴路 88 弄，弄名九福里。方撰文回忆道，据长辈说此弄由九个老板合资建造，时在 1927 年。九福里为早期石库门弄堂，原先没有煤卫设施。1964 年，九福里安装了煤气，安装申请还是由方先生祖父执笔的（图 1）。

图1 1956年，方毅丰先生和祖父母、姐姐合影

早年九福里的居民大多为殷实人家，也有几位名人，如 96 号住过京剧名旦程砚秋先生。8 号住过跑马总会秘书长、《文汇报》创办人之一方伯奋先生，他是方毅丰的小姑丈公。据方毅丰回忆，他听资慧爷叔讲，8 号房子是方伯奋买下的。1941 年，方伯奋搬到隔壁跑马总会大房子去住了，原房子就由方毅丰祖父家居住。33 号糜解先生是方毅丰姐姐同学冬冬的丈夫，“文革”结束恢复高考后，他高考成绩都过了清华、复旦的分数线，均因其父的历史问题牵连而不被录取。没想到，1978 年糜解突然被交大破格录取为研究生，传说是邓小平特批。28 号是座大房子，新中国成立前住的大多是车夫、

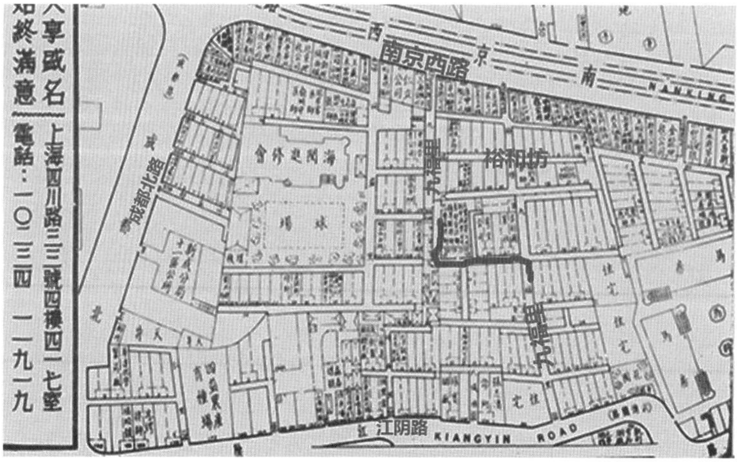

图2 九福里，江阴路88弄，南京西路471弄近成都路口。1947年《上海市行号路图录》上册图19截图

帮佣等。

方毅丰说，九福里弄堂直通南京西路。其实，看了地图就知道（图2），九福里从江阴路88弄进去，朝北走到底是裕和坊，要在弄内过两个弯，才能从南京西路471弄出去。定稿前，笔者还特地去了一趟九福里，一到弄口，见过街楼下方的“九福里”三个字模糊不清，有种说不出的感觉（图3）。原想打听一下投资这条弄堂的九位老板大名未果，弄内两位老爷叔（一位姓杜，一位姓赵）倒是侪提到评弹艺人朱雪琴（1923—1994）曾住在82号，还有16号盛家蛮有实力的（图4），老头子在银行做事，他儿子叫盛印，跟赵爷叔至今还有来往。

说到九福里，就不能不说方毅丰的祖父。民国初年，方祖父从四明银行练习生做起，处事干练且勤奋好学。1936年，方祖父从汉口四明银行主任会计兼襄理调上海四明银行虹口、南京西路支行任经理。祖父斡旋能力强，在同事亲戚朋友中威信特高，人称“小诸葛”。九福里的煤气安装也是祖父牵头写信解决的。“文革”中，方家被抄家，祖父只能住亭子间了。但祖父人缘特好，在“文革”中未被批斗过，也没有一张批他的大字报（图5）。

图3 江阴路88弄九福里弄口。无田摄于2019年12月7日

图4 江阴路88弄九福里16号门景。无田摄于2019年12月7日

图5 江阴路88弄九福里内景。无田摄于2019年12月7日

张元济先生万航渡路故居之前世今生

提起出版家张元济先生(1867—1959)故居，大多文字都记载霞飞路(淮海中路)1285弄沙发花园(上方花园)24号，却少有人知晓张老早期在上海居住的洋楼在极司菲尔路40号(梵皇渡路323号，后改万航渡路)，且与胡适先生(极司菲尔路49号，梵皇渡路320号)对马路而居①。

图1 张元济先生故居旧影(张元济先生孙女张珑女士供图)

张珑女士撰文回忆其先祖父张元济先生曾居住在沪上极司菲尔路40号(文中她笔误将地址写成了万航渡路40号，其实后来改成323号)洋楼，并提供了这张珍贵的老照片(图1)，使后人有幸一睹其芳容。这幢住宅建成于1914年初，由英国建筑师设计。那是独立式西洋风格的二层楼房，并带尖顶阁楼。大门左侧小屋是门房间，除了看门师傅外，还住着张家请来定制长衫、旗袍等四季衣裳的裁缝海盐人杨金和师傅。张珑小辰光常去杨师傅那里(图2)，杨师傅会给她一些花花绿绿的布角零料玩。从大门进去有条小路，路左侧是一块绿地，右侧是老宅西立面(图3)。路尽头是棵大雪松，雪松后有一垛带月洞门的墙，穿过月洞门就来到了占地4亩的大花园。洋楼建造之初并没有大花园，

图3 张老故居内景(张珑供图)

图2 张珑女士小辰光在故居花园内留影

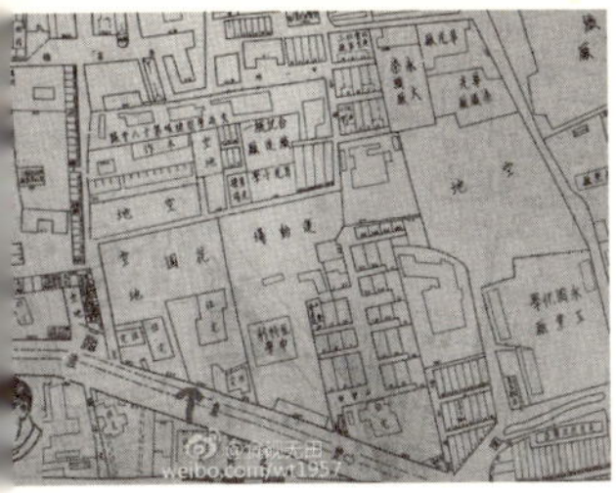

图4 1947年《上海市行号路图录》截图(图中红箭头所指为张老故居)

图5 1995年，张老故居被拆前遗照。

花园是张元济于1923年添建的。花园由日本园林师设计，除一个网球场外，种了部分树木花草，到处点缀着山石，还有一个大池塘，加之小桥、茅亭。花园最北端是一排茂密的冬青树，挡住了竹篱笆的界墙。界墙外有条弄堂叫康家桥（图4、图5）。

1937年“八一三”淞沪抗战爆发，张家家境日益窘迫。1939年，张元济基于经济及老宅周边环境、安全诸因素考虑，最终不得已将他辛勤工作半辈子所置的唯一房产卖掉。接盘的是沪上颇有实力的

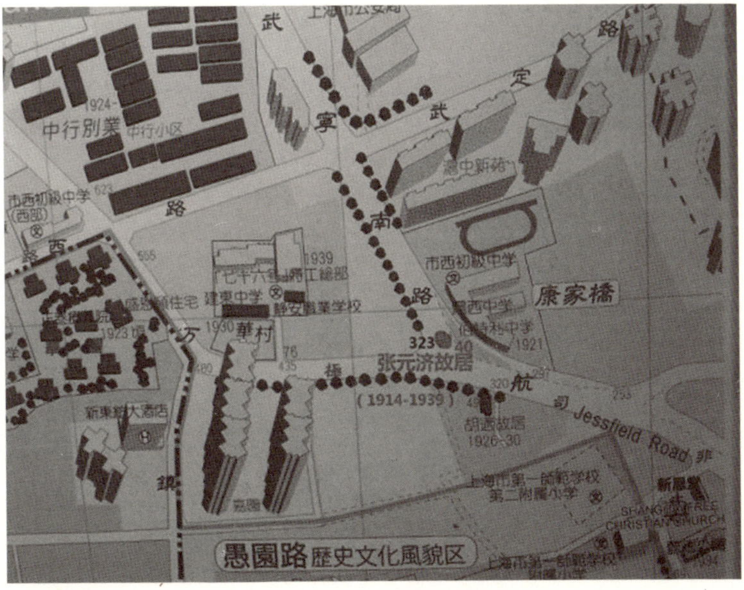

图6 木之内诚《上海历史地图》截图，图中张元济故居（1914-1939）字样为笔者所注。木之内诚，1954年生于川崎市，东京都立大学大学院结业，曾是复旦留学生，现任东京都立大学人文学部副教授，中国文学专业

图7 1980年代，万航渡路323号张元济故居遗址

营造商“陶桂记”老板陶桂林（陶桂松，又名陶桂林，小名阿蔡。又称陶馥记营造厂）。买下后，陶老板将老宅加高一层，顶层仍保留着尖顶，而外立面却面目全非了。张元济卖掉极司菲尔路40号老宅后，便迁住霞飞路1285弄24号。张珑后来在与陶老板的外孙云龙一起喝茶叙旧时，得知陶老板买下40号老宅住了没多久，这住宅就被敌伪特务潘达抢占，成了杀人魔窟。新中国成立后，这幢老宅由政府接管，成了部队家属住宅，一下住进18户人家。1995年，为辟通武宁南路而让道，老宅被拆除（图6、图7）。

①：木之内诚《上海历史地图》（大修馆书店2011年12月版，第12页。截图中“张元济故居（1914-1939）”字样为笔者所添加）

卢家湾法电公司旧闻

1938年初，沈晓阳先生住了霞飞路（淮海中路）315弄宝康里一间二楼亭子间里厢。沈家楼下客堂间住着刘家。刘先生就在吕班路（重庆南路）277—279号近徐家汇路口的法商电车公司（简称法电公司，或法电）写字间工作（图1—图3）。1908年5月20日，法电第一条有轨电车在斜桥一段先行试车，数日后即从十六铺至斜桥开车载客。7路有轨电车（卢家湾—提篮桥）于1946年1月开线，

图1 1930年法商电车公司全貌，左侧为电车公司

图2 1940年代初，法电10路有轨电车从吕班路电车场内开出

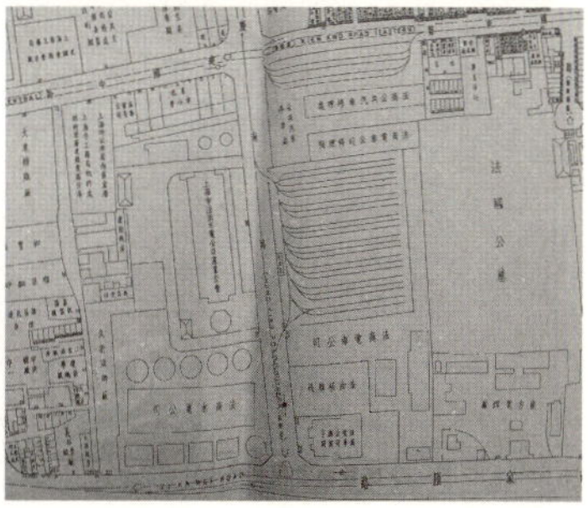

图3 重庆南路275号近徐家汇路口法商电车公司，1947年《上海市行号路图录》截图，片中可见法电东侧的法国公墓

图4 法电汽修工正在维修7路有轨电车（卢家湾–提篮桥，1946年1月开线，1960年6月拆轨撤销）

图5 1950年代，电车三场工人正在维修电车轨道

1960年6月因拆轨撤销（图4—图6）。刘先生早年就读于离法电勿远的震旦大学，毕业后经人介绍进法商电车公司当办事员。刘经常与沈父聊起“法电”的事。刘讲，法电公司内职工分三个等级，最高级是法国人，为高级管理人员；其次是“外籍人”，大多是葡萄牙人与白俄人，为辅助管理人员；最低级的是中国人，都为办事员、司机或售票员等。外国大班的个人月薪是一个中国人5年工资的总和。公司还规定，中国工人遇见外国职员必须敬礼，否则就要停职受处罚。

1930年7月，法电工人为被开除的27名工友进行罢工，且长达57天。《申报》①报道如下：

> 法电公司华职员后援会于昨日上午十时开会，到职员百余人。开会如仪，公推张仁俊为临时主席，及报告开会宗旨。旋推举委员十一人，计冯志明、封生桓、张仁俊、范宝坤、徐廷良、邢文荣、胡祖坤、王烈帆、胡毓康、陈鸿源、陆关鸿负责进行。当时议决各案如下：（一）由职员致函公司，促资方觉悟，尅日解决罢工风潮；（二）发表宣言；（三）劝告在职职员，早日离职，援助工友；（四）职员准备加入工会，增加团体力量；（五）各会员须每日上午九时到会。

①：《申报》（1930年7月24日，第13版）报道《法商水电工潮昨讯“职员会议”》

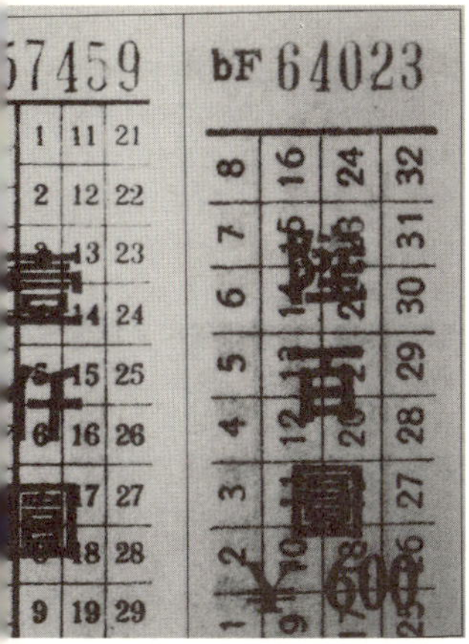

图6 法电车票

最终法电公司老板迫于舆论压力不得不答应劳方要求，让被开除的工人全部复职（图7）。另，7月14日是法国国庆日，法电公司写字间职员原本休假一天，开车、卖票、查票等外勤工作人员仍照常工作，照例多发一天工铏。1946年7月14日碰巧是星期天，内勤职员平时也是休息的，所以内勤要求与外勤一样，大家多发一天工铏，或补发一天（一向碰到星期日总是照补的）。公司当局起先想废除旧规，职工不答应，后经过职工几次请求并请社会局调解，终于答应照旧补发。

1949年5月上海解放，政府接管“法电”后，改“法电”为国有企业，其中电车公司归属上海公用事业局，成为电车三场。

图7 1932年法电工友罢工胜利后召开复工大会

国乐会即中央银行俱乐部忆往

清末以降，凡好唱而不以此为生者，均被称为票友。票房就是票友集会之所，最早出现的是昆曲票房，后来才有京剧票房。京剧发源于北京，但论票房之多，人数之众，当以上海为最。但票房虽多，大多水平一般，而中央银行同人国乐会算得上其中的佼佼者，其缘由，听我慢慢道来。其一，中央银行同人中京剧爱好者众多，生、旦、净、末、丑皆有人才，排起戏来不愁没人演。其二，国乐会由中央银行副总裁刘攻芸亲自挂帅（图1），他是李鸿章侄孙女婿，办起事来一路绿灯；总干事杨文豹与京剧界颇熟（图2），跟许多名伶都有交往。其三，国乐会有自己的活动和演出场所，即中央银行俱乐部，它位于林森西路（今淮海西路空军455医院所在地，可惜当年俱乐部房子已被拆除）338号近番禺路口（图3）。其四，梅兰芳、周信芳等京剧大师任国乐会艺术顾问（图4），并常赴会指导、点评。

图1 中央银行副总裁刘攻芸

那时，同人国乐会几乎每月都有一两次彩排演出。国乐会有时还外出义演，如1935年9月7日，上海市各界于国货世界（新世界原址）举办筹赈水灾游艺大会，中央银行同人国乐会在楼下京剧场名票会串，其中杨文豹君、勤甫君出演《空城计》① （图5）。

图2 总干事杨文豹先生在国乐会即中央银行俱乐部门口留影

杨大容先生至今还珍藏着一张父亲杨文豹在国乐会

①：《申报》（1935年9月7日，本埠增刊第8版）广告《中央银行同人国乐会名票会串》

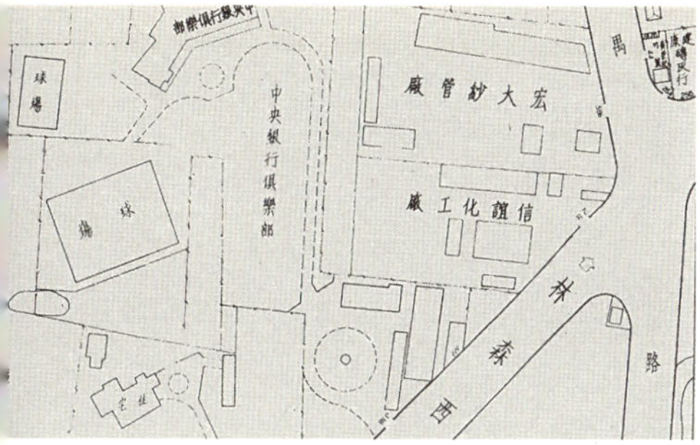

图3 1947年《上海市行号路图录》上林森西路(淮海西路)338号中央银行俱乐部标识

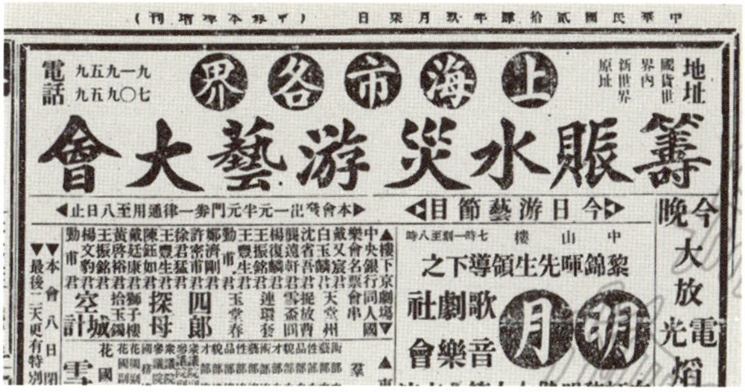
上海市各界
籌賑水災游藝大會
地址 國貨世界內 新世界原址
電話 九一九五九 七〇九五九
今日游藝節目
本會發出一元半元門券一律通用至八日止
中山樓 七時一刻至八時
黎錦暉先生領導下之
明月歌劇社音樂會
今晚大放電光焰
樓下京劇場 中央銀行同人國樂會名票會串
四郎探母
空城計

图5 《申报》(1935年9月7日)广告《中央银行同人国乐会名票会串》

上演出《三娘教子》的剧照。引人注目的是戏台右侧有一位没穿戏服的人，他为何站在那里？原来过去唱大戏时，戏中间隙，会有人适时递上小壶香茶或参汤，让主角润喉提气，或上台替主角托住椅子或放个跪垫等。这样的人叫“检场人”(图6)。据说二三十年代，卓别林访问上海时，在观看京剧中发现“检场人”就曾问起梅兰芳，梅大师就如实做了解释。但卓别林还是觉得这种现象有碍演出气氛。这一京剧界的“惯例”，直到新中国成立后才被革除。据说如今台湾的京剧舞台上，有时还能见到这种检场人。

图4 周信芳先生在国乐会上

图6 杨文豹在国乐会上演出《三娘教子》剧照(图中间者为杨文豹)

北四川路出殡仪队老照片小考

近日在新近出版的《虹口(1943—1949)图集》[1]中发现一张北四川路出殡仪队的老照片(图1),难得一见。老照片的机位在北四川路海宁路口西南转角处,东南转角处为中国银行虹口分行大楼(北四川路894号),其东侧是新中央大戏院(原维多利亚大戏院,后又名海光剧场,海宁路410号)。出殡仪队正由北向南走来。照片年代标识为20世纪30年代。出殡仪队最前头灵柩车前一个大大的"黄"字,表明是黄府出殡。黄府?还备摄影师拍照,像这样出殡排场非大户人家不成。海上黄姓大户,且在20世纪30年代出殡,令人首先想到的是大世界老板黄楚九(1872—1931) 。但黄宅并不在虹口,而远在法租界爱多亚路,出殡线路不对。一查《申报》,果然如此:1931年4月24日,黄楚九出殡路由自爱多亚路住宅出发,经过法租界敏体尼荫路大世界门口,直达永锡堂[2]。那么,到底是哪个黄府?经细查30年代《申

图1 北四川路海宁路口黄宅出殡仪队

图2 黄焕南(1856-1936)

报》，终于找到了这张老照片的黄府主人：黄焕南先生(图2)。

上海先施公司筹建人、董事、监督黄焕南先生，于1936年8月24日谢世。黄府于27日举殡，出殡仪队由黄府老靶子路217号向东经北四川路北苏州路，向西经西藏路、白克路、劳合路、宁波路、广西路、南京路、浙江路到天津路，再由先施公司复折入浙江路，过老垃圾桥，经北浙江路、界路（今天目东路），至宝山路，直达联义山庄安葬（黄焕南君与1931年过世的原配李太夫人合葬于此）。出殡当日，先施公司及第一第二第三支店、东亚旅馆、东亚酒楼、先施屋顶乐园等，一律暂停营业一天，以志哀悼（图3）。

先施公司同人为纪念黄氏起见，于闸北联义山庄墓前建立黄氏铜像一座，以示景仰。该像为意大利名雕刻家所造，次年6月底始告完成，于6月28日上午九时举行揭幕礼，该公司职员及来宾参与者数百人，行礼秩序隆重。

黄焕南(1856—1936)，广东香山人（今中山）人。17岁时去澳大利亚谋生。1913年回国，应在香港和广州开设先施公司的澳大利亚归侨马应彪之邀，任广州先施公司司理（即经理）。1914年被委派来上海筹建上海先施公司，1917年正式开张，时年61岁的黄焕南先生任董事兼首任正司理，1922年升任监督。先施公司是国人在上海创办经营环球百货的第一家大型公司，在黄焕南主持下，首创商品标价、不二价和售货一律开发票的规程。他还制订销售记录表册和会计制度。实施严格管理。先施公司除百货部外，还有东亚旅馆、先施乐园。黄焕南还筹建附属工厂。因而先施公司由单一的百货公司，逐渐发展为资金雄厚的先施集团。1925年“五卅”惨案发生，黄焕南决定先施公司停业1个月，参加罢市斗争。后又减少西方各国商品的进货量，增加国产商品销售的百分比。黄焕南经营先施公司达20余年。在此期间，他还兼任香港国民银行、上海商业储蓄银行、新华银行、先施人寿保险公司等单位的董事职务。

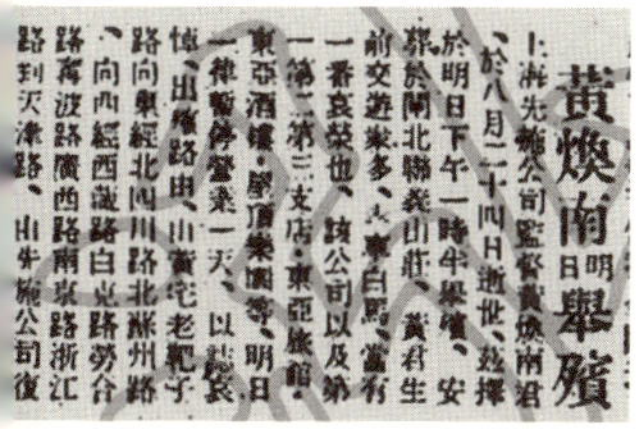

黃煥南明日舉殯

上海先施公司監督黃煥南君（於八月）二十四日逝世，茲擇於明日下午一時半舉殯，安葬於閘北聯義山莊，黃君生前交遊素多，又事自熙，當有一番哀榮也，該公司以及第一第二第三支店・東亞旅館・東亞酒樓・屋頂樂園等，明日一律暫停營業一天，以誌哀悼，出殯路由，由黃宅老靶子路向東經北四川路北蘇州路，向西經西藏路白克路勞合路寗波路廣西路南京路浙江路到天津路，由先施公司復

图3 《申报》1936年8月26日黄焕南举殡告示

①：《虹口(1943—1949)图集》(上海市虹口区档案馆编，上海人民出版社2017年2月版)

②：《申报》(1931年4月24日，第15版)报道《黄楚九柩今日移厝》

③：《申报》(1936年8月26日，第12版)报道《黄焕南明日举殡》

上海滩最老的遗存公共厕所

以前逛南京东路遇到内急时，常匆忙穿进五福弄，左拐去盆汤弄69号公厕解手（图1）。后来读《上海市行号路图录》发现，这家公厕由来已久（图2），再查租界时期《工部局董事会会议录》（以下简称《会议录》），得知它竟有150多年历史①（1865—1866年初建，1891年重建）。这是迄今上海最老的遗存公厕，比早些日子在虹口18号地块内被拆的那家（约80年）年岁大多了。1862年年底，工部局在老闸地区（具体位置不详）造了首座公共厕所。但在卫生设施缺乏的弄堂区域内，寥寥几座公厕只能缓解问题，直到新中国成立后的相当长时期里，在闹市中找公厕解手之难仍困扰市民。

据《上海环境卫生志》"大事记"记载，1864年（同治三年），公共租界工部局在南京路虹庙后面（盆汤弄内），建造第一座公共厕所②，时人称为"大尿坑"（图3）。但经查《会议录》发现，租界内首次建造公共厕所时间还要早两年。工部局董事会在1862年7月16日会议上指令卫生稽查员"根据提出的计划着手建造一所公共厕所

图1　盆汤弄69号公共厕所近貌。无田摄于2015年8月12日

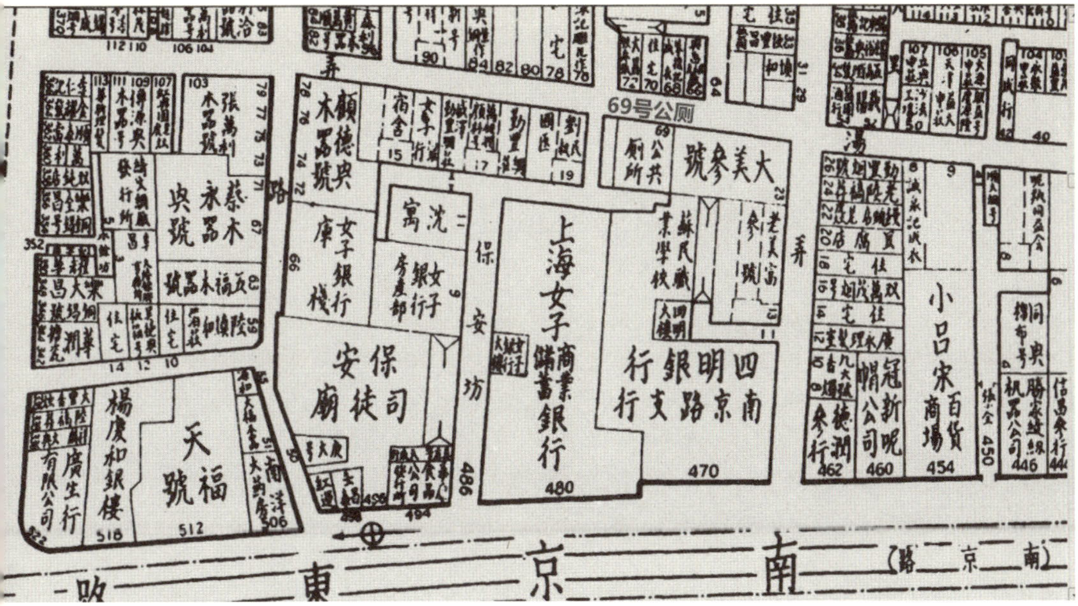

图2 1947年《上海市行号路图录》，盆汤弄69号公共厕所

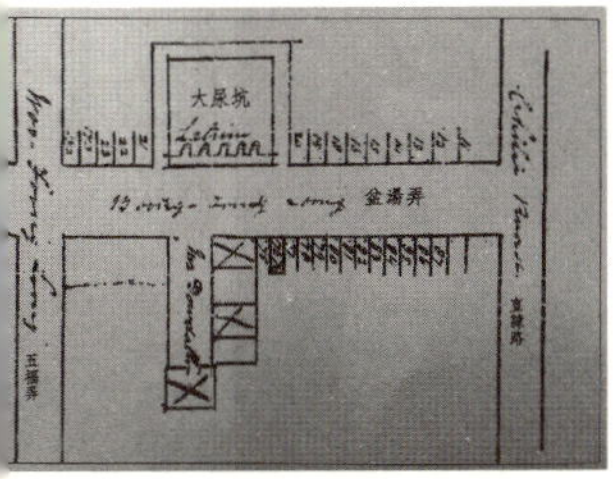

图3 盆汤弄69号大尿坑粪臭案中工部局手绘示意图

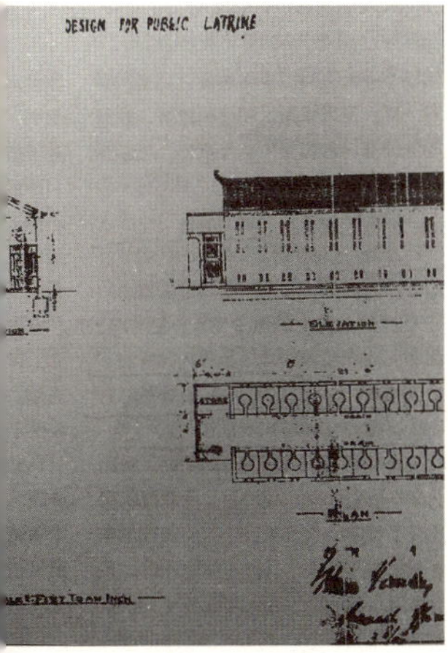

图4 “萨姆-约翰森式样”盆汤弄69号公厕设计图

作为一次试验”③。1862 年 12 月 3 日，卫生稽查员豪斯在董事会上报告说“老闸地区的公共厕所几乎已快完成”④。一周后，豪斯先生“已约定了一个承包人，赋予主管老闸地区公共厕所的责任”⑤。而盆汤弄这座“大尿坑”（公厕）用了二十多年后，董事会“收到了华人居民的来信，他们要求工部局把这个厕所迁走，因为它危及附近居民的健康。来信说，当时附近居民很少，所以并不认为有很大污害，但现在毗邻这个厕所造了许多住房，厕所的气味薰得使住在那里的人生病，这些房子现在没有人愿意居住。”⑥接信后，工部局即派卫生稽查员赴现场调查。稽查员查后回禀：由于盆汤弄附近没有其他厕所，把它迁走将带来很大不便，因为在 16 小时里平均有 4800 名华人在使用“大尿炕”，若迁走它，会带来更多麻烦，建议原地新建一座“萨姆－约翰森式样”的公厕。这样既可消除粪臭还居民卫生环境，又可方便周边华人用厕。

为新造公厕方案，工部局总董麦格雷戈和工程师赴实地查看。半个月后，工部局与盆汤弄 69 号业主谈定租赁建造公厕协议：每月租金 6 元，为期 10 年；公厕须建 20 英尺（约 6 米）高外墙，并与民房间要有 5 英尺 ×50 英尺（约 22.5 平方米）空间作为院子，只能开

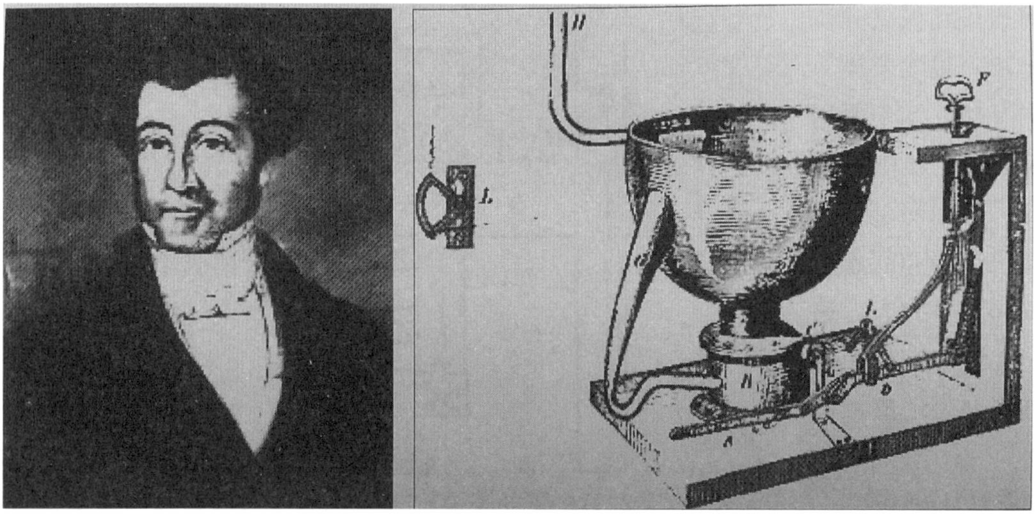

图5 约瑟夫·布拉马及其发明的抽水马桶装置

一扇宽约 0.76 米小门，且安在外墙的角上，除通风天窗外不许开其他窗口(图 4)。另外,工部局还派一名全天候专职管理员在公厕值班，维持厕所内卫生工作。⑦ 1891 年 7 月，租界内共安装了 4 台自动冲洗水箱，其中一台就装在盆汤弄 69 号公厕内（图 5)。这种具有专利的自动冲水箱，每 15 分钟冲水 25 加仑，比老的装置更有效地保持便池清洁，且每天每个小便池可节约用水 7600 加仑。⑧

①:《工部局董事会会议录》(上海古籍出版社2001年版，第10册，第738页)
②:《上海环境卫生志》(上海社科院出版社1996年12月版，第12页)
③—⑤:《工部局董事会会议录》(上海古籍出版社2001年版，第1册，第644页，第663-664页)
⑥—⑧:《工部局董事会会议录》(同上，第10册，第736页，第743页，第753页)

上海滩“卖字大家”唐驼之二三事

图1 塘沽路江西北路口大隆酱园。“大隆”为唐驼所题。无田摄于2012年7月11日

图2 塘沽路江西北路口大隆酱园。“大隆”字号局部放大

图3 唐驼为《孽海花》初版本题写书名

2012年，去虹口一带街拍，在塘沽路江西北路口无意中发现一遗存酱园，且酱园名“大隆”二字也是原题（图1、图2)，那颇有颜鲁公遗韵的大字，令笔者情难自禁凑近看题字落款：武进唐驼。后又在嘉兴路304弄口，见“瑞庆里”弄名也为唐驼所题。唐驼？人名用驼字，好怪怪的，想必不是原名。经查史料悉，唐驼原名宇衡，民国名书家，与马公愚、沈尹默、天台山人（刘驾西）齐名，为书坛“四大圣手”之一。他少时家境贫寒，营养不良，加之长期习字又不注意坐姿，29岁时导致佝偻病，落下右背隆起形成驼背之病根。而对别人给他的绰号“唐驼子”，不但不恼怒记恨，反倒欣然接受。1905年，他在为曾朴的《孽海花》题写书名时，索性落款“唐驼”(图3)。从此，唐宇衡以“唐驼”行世，“宇衡”原名反而渐渐被遗忘了。

唐驼，谱名成烈（又名宇衡），字鹤龄（又字孜权），号曲人，同治十年(1871年）二月十二日生于江苏武进（今常州市）县城西门(图4)。唐氏为武进名门，先祖唐荆州文武双全，时主事兵部，为明末抗倭名将。至清代，唐宇昭善绘事，有“唐荷花”之美誉[1]。唐驼

图4 武进唐驼先生（1871—1938），时年35岁

图5 1910年，唐驼（右一）与原配唐郑氏（右二，民国十七年病故，享年60岁）、女儿唐成（左二）、儿子唐六三（左一）合影

五岁失怙，母亲邹恭人靠替人浆洗衣物维持全家生计，家境颇贫寒。但唐母依然送六岁的唐驼进私塾念书。唐驼天资聪颖，且勤奋刻苦，每日识字五十。唐驼自幼酷爱书法，买不起字帖则拜托亲戚向武进孝廉庄仲咸求墨作范本，坚持数年苦练书法。十七岁始，从唐人楷书入手，博采欧、颜、柳、赵各家之长，苦学三年，自成一格（图5）。

唐驼写得一手好字，乃自幼兴趣且坚持不懈之结果，但起初并未想到以卖字为生。一次为老介福题书招牌的举手之劳，让他竟得了五十元润笔。从此，越来越多的商家闻名而来，请他题写招牌，唐驼来者不拒，并自诩“卖字先生”，一开“卖”而不可收。唐驼在《自述语》中，记录他逐年卖

育和堂記
余與唐君欽昭同官
新疆且五年辛亥余
返京師遭國大變海
内沸騰而新疆不逞

图6 1927年中华书局版《唐驼习字帖》

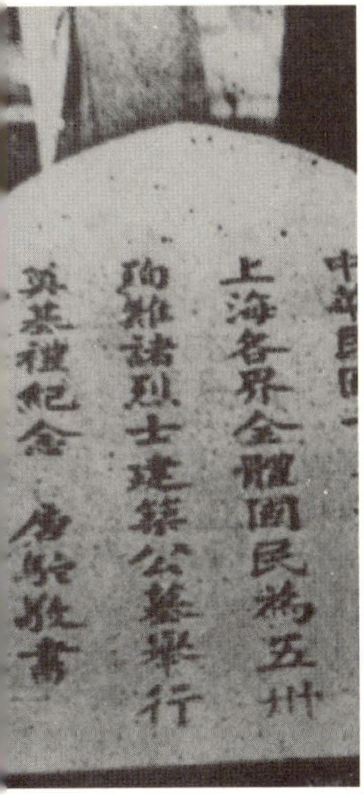

图7 五卅烈士墓园中刻有唐驼题字的墓石

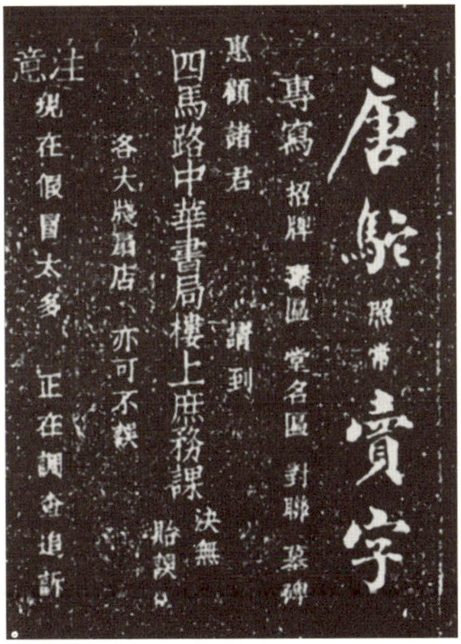

唐駝照常賣字

專寫 招牌 壽匾 堂名匾 對聯 墓碑

惠顧諸君 請到

四馬路中華書局樓上庶務課 決無

各大牋扇店 亦可不誤 貽誤

注意 現在假冒太多 正在調查追訴

图8 《申报》（1936年1月20日，第1版）广告《唐驼照常卖字》

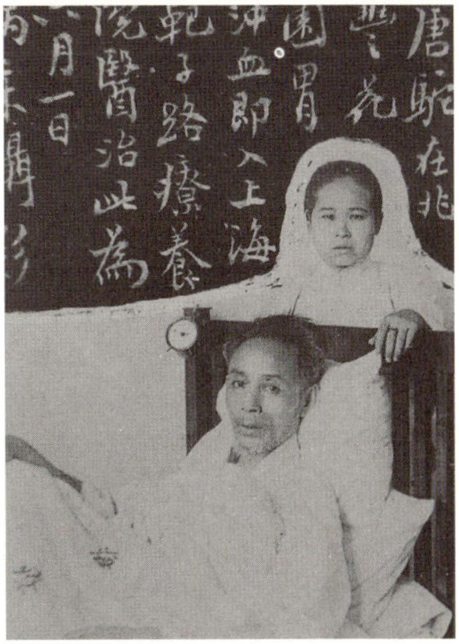

图9 1930年，唐驼在靶子路疗养院病床上（后立者为唐续弦周氏）

字的收入情况："余之卖字，自老介福始，卖字之收入，第一年不及千金，次年增至一千五百金，又次年突增至三千二百金，第五年增至四千八百金矣。"最盛时，唐驼书写一字润笔为一两黄金，年收入可达三万之巨。20世纪二三十年代，请唐驼写招牌、联额或临摹他的习字帖为一时风尚，求墨者络绎不绝，遍及海内外华人（图6、图7）。而《申报》为唐驼量身定做的卖字润笔广告，更是别具一格，堪称中国广告史上杰作②（图8）。

唐驼从"卖字先生"蜕变成海上"卖字大家"，名声远扬，收入颇丰。1933年，六十三岁的唐驼带着厚礼，专程回老家拜访当年为他书写字帖的庄仲咸老先生，回报五十年前的师恩。唐驼乐善好施，菩萨心肠，对老弱病残或生活无着落者，总是有求必应，尽力相助。即便是小偷入室行窃，唐的做法也是与众不同，颇似《悲惨世界》中的冉阿让。传说有一次窃贼夜入唐宅，惊醒起身的唐驼搜尽各处，仅得十多元钱与之，还送其出巷。

1930年5月13日，唐驼在兆丰公园（今中山公园）突发胃出血，即入靶子路（今武进路）疗养院医治（图9）。1938年8月9日，唐驼因胃溃疡病发作于上海病逝，享年六十八岁。

①：唐宇昭（1602—1672）明末清初书画家、藏书家。又名禹昭，字孔明，又字雪谷、云客，号半园，武进（今江苏常州）人。

②：《申报》（1936年1月20日，第1版）广告《唐驼照常卖字》

上海滩日本老建筑百年写真录

1895年，中日甲午战争中方战败，日本战后获得“治外法权”，在上海虽遭英美阻挠未获得名义上的日租界，但在虹口多条街区及沪西、沪东部分地区开辟了多处日本人居留地，用建筑营造本国居留民社会，与欧美列强瓜分上海街区。20世纪20年代起，日本聘请西洋和本国一流建筑设计师，以西洋建筑风格为主，在公共租界内建造了日本银行、大公司上海支店大楼，如日清汽船株式会社大楼（英德和洋行设计，1921—1925年建，今外滩5号）（图1）、台湾银行（日）上海支店（英德和洋行设计，1926年竣工，今外滩16号）、横滨正金银行（1924年建，今外滩24号）（图2）、广东路86号三菱公司上海支店（图3）、四川路185号三井物产上海支店（1903年建，

图1　日清汽船会社大楼(1946年，国民政府没收归属招商局，今外滩5号)

图2　外滩24号横滨正金银行上海支店外景

图3 广东路86号四川路口，三菱公司上海支店大楼

图4 三井物产上海支店(今四川中路215号近福州路口)

今四川中路福州路口）等（图4）。

在上海的日本式住宅、公寓，水、电、煤、卫设施齐全，专供日本人居住。如建于20世纪20年代初的日本钟渊公大纺织会社杨树浦路住宅区（今许昌路227弄），有供不同级别公司职员居住的二层砖木住房75栋，弄内还有幼儿园、医院、游泳池、网球场等设施，其中唯一一栋三层小洋楼供公司总经理居住。同年代建造在宜昌路小沙渡路口的内外棉会社职工住宅（今澳门路660弄，后为华纺第二宿舍），内分A、B、C、D、E五种房型，供不同级别职工居住，小区内还有稻荷神社，种植了日本樱花树。到了小沙渡路（西康路）澳门路的内外棉会社职工住宅，再沿着小沙渡路往东南向走不远，在劳勃生路（长寿路口交汇处）就能见到为纪念内外棉会社已故总经理川村利卫兵而建造的纪念塔(1924年4月建)，又称川村纪念计时塔(图5)。钟塔高14米，四周成方形，顶层四面均嵌有钟面的大时钟，每隔一刻钟，即叮咚自动报时，大自鸣钟由此得名。1959年，此塔被拆除。2017年2月15日，得网友消息，即去安远路899弄近长寿路口华纺小区内查看遗存哨楼（有瞭望台），无意中发现近处有多栋建于1928年的日华纺织社宅遗存旧楼（哨楼西侧多座别墅早已被拆除造了新楼）（图6—图8）。木之内诚《上海历史地图》在今华纺小区及周边标识①：日华纺织社宅(1928年)，即日华纺织社高级职员住宅。

图5 劳勃生路小沙渡路交汇处中央，大自鸣钟，川村纪念塔

图6 近处为26-34号内的哨楼外景

图7 26-34号楼内景

在长寿路北侧有日华第三、四工场（1918 年，后为国棉六厂），第五工场，第六、七工场（1918 年，后为国棉七厂）。在日本住宅、工厂较密集的沪西有日军驻扎，应在情理之中。1945 年 8 月日本投降后，此地为中纺公司职工住宅。

在近代日本建筑师中，最早来上海创业且成就最高的当属平野

图8 原日华纺织社宅外景近貌。无田摄于2017年2月

①：木之内诚《上海历史地图》（大修馆书店2011年12月版，第48页）

图9 日本建筑师平野勇造及其家人

勇造(1864—1951)。1864年，平野出生于日本青森县大畑町，是堺喜藤治四子，幼名七五郎。少年时身患肺结核病的平野，为弄清病因，探求长寿之道，决意去美国学习。1883年，平野乘“长崎屋”商店的货船偷渡到美国旧金山。不知为何，平野到了美国却没有选择修习医学，而转学建筑。经过几年苦学，平野毕业于加利福尼亚大学建筑系。1890年，平野学成回国，开设建筑事务所（图9）。建所不久，他就主持东京爱宕山五重塔的建筑设计。次年，五重塔的建成使平野名声大噪。之后，他又参与设计东京丸之内大楼。1894年，平野认长崎名人平野富二为养父，遂改名平野勇造。1899年，平野通过养父关系，进入三井物产会社，不久便任三井物产上海支店长。但平野难舍建筑情结，几年之后还是选择离开三井，在上海开设建筑事务所。据1916年上海《在留官民人名录》（金风社）记载，平野的住址为上海北四川路182号，电话号码1853。平野上海建筑事务所继1903年设计三井物产上海支店大楼之后，他又全力投入日本领事馆的建筑设计。1911年9月29日，日本总领事馆举行新馆落成典礼，各国驻沪领事、上海道台刘燕翼和在沪商界代表出席了招待会。日本领事馆新馆的完美设计，成为平野勇造建筑设计生涯中的代表作，使他跻身世界著名建筑师之列（图10）。此外，平野在厂房等工业建筑上也颇有造诣。1914年，平野设计的内外棉工厂是中国最早

图10 上海日本领事馆

钢筋水泥结构的工业建筑，成为上海纺织工厂建筑之典范。

上海日本领事馆，初名上海出张所，1872年开设，改称上海公馆。次年，易名上海领事馆。1891年升为日本总领事馆。图10为1911年9月23日竣工的第二代日本领事馆建筑（今黄浦路106号），由平野勇造设计，三层砖瓦结构，复折屋檐富有优美曲线，是上海近代优秀建筑。

1909年，外滩2号英国总会大楼拆除重建。第二代总会大楼由英商马海洋行设计，于次年建成。一走进总会，大厅酒吧间一条34米长吧台极抓眼球，吧台用意大利大理石精制，为当时远东最长最豪华之吧台。而这条闻名遐迩的长吧台的设计却出自日本建筑师下田菊太郎之手，他是日本最早获得美国建筑家协会资格的建筑师，有"建筑界异才"之称。英国勋爵班格尔曾回忆道："长吧台在尽头转弯，与黄浦江并行。这个吧台是银行和洋行老板的包座。除非他们邀请，别人不能在那里饮酒。"

民国3年(1914年)，日本商人在武昌路4号（今390号）开设东和馆，即东和活动写真馆，又称东和活动影戏园（图11）。约1928年在乍浦路（今341号）海宁路口建造新剧场，1932年2月开幕。剧场由日本东和株式会社建造，故得名"东和馆"剧场。舞台为小转台，座位原为"榻榻米"，前后台三层（今四层为20世纪50年代修建），

图11 东和馆

图12 塘沽路近吴淞路口，日本人俱乐部，1915年建成，由福井房一设计

后改名东和剧场，专映日本影片并上演日本话剧。1946 年，改名上海文化会堂。1949 年 6 月 7 日，由市军管会文艺处接管，同年 6 月 28 日，改名为解放剧场，以演出话剧、音乐会、越剧和滑稽戏为主（夜场），兼映电影（日场）。

20 世纪 90 年代以降，上海城区改造进入高峰期，致使不少在沪日本近代建筑逐渐消失。如，塘沽路 309 号近吴淞路口的日本人俱乐部（图 12）、天潼路长治路口日本电信局（图 13）、欧阳路北部第二日本小学、武昌路的东本愿寺上海别院（图 14）、余姚路的无忧园等。还有 1932 年建于乍浦路近海宁路口、由河野健六设计的东和剧场（后改建解放剧场），几经改建已面目全非；1907 年 9 月 1 日，日本上海居留民团事务所设立，初设于武昌路 3 号，后迁塘沽路日本人俱乐部

图13 天潼路长治路口，上海日本电报局大楼(今家化公司大楼)。日本电报局之前身为上海日本邮局，1923年撤邮局改办电报局。1998年被拆除

图14 武昌路乍浦路口，日本东本愿寺上海别院。1945年8月，由国民政府接管，为社会部劳动局上海调查登记站沪北分站。新中国成立后，建筑变住房，20世纪90年代初被拆除

图15 1946年，乍浦路武进路口，西本愿寺

内，1932 年迁至昆山路（今昆山路 128 号，现上海财大成人学院）。前几年，常去虹口一带街拍，发现坐落在乍浦路 471 号的西本愿寺上海别院（图 15）、四川北路东江湾路口原日本海军特别陆战队本部（图 16），虽早移作他用了，所幸建筑外表和结构大致未变。

图16 东江湾路1号，日本海军特别陆战队本部大楼，1924年建

盛宣怀上海老公馆陈年旧事

清末民初，盛家在沪上的房产若列份清单，一定是长长的；若要论年份最久的，当推静安寺路老公馆（公馆毗邻斜桥今吴江路，故俗称斜桥盛公馆）。老公馆建于何年暂查无实据，只能根据1872年盛公时任轮船招商局会办来推算，约建于19世纪中期。老公馆占地105亩，为花园洋房群，是盛家在上海的大本营。市面上从未见过1949年以后老公馆照片，所幸在被拆除前，沪上街拍达人秦兴培先生在拍摄“上海印象1993”视频中扫到此路口，视角与老照片相同（图1），于是有了这张珍贵的截图照（图2）。经两图对照，老公馆靠路口的那幢大花园洋楼大致未变。《大动迁》是上海电视台于1993年夏至1994年初拍摄的一部关于上海成都路高架桥建设前搬迁户安置的纪录片，图4为片中南京西路成都北路口航拍截图，与图3对比，发现在老花园洋房与修德新村间的建筑是后造的（建承中学校舍）（图3、图4）。

据盛家后人追忆，老公馆最初时方圆百多亩地，前门开在静安寺

图1 静安寺路110号，盛家老公馆旧影

图2 1993年，南京西路526号成都北路口西北角，原盛家老公馆，后为人民银行储蓄所及建承中学。现已拆除。秦兴培摄于1993年

图3 1948年，南京西路成都路口航拍，路口西北转角即盛家老公馆

图4 1993年，盛家老公馆航拍，截图自《大动迁》纪录片

路(始建于1862年，1945年改名南京西路)，后门则位于爱文义路(始建于1900年，1945年改名北京西路)，西头近斜桥路(1894年前筑建，1943年改名吴江路，故老公馆俗称斜桥盛公馆)口，东端在今成都路以东。老公馆内，仅佣人就有277名，每个孩子都有一个贴身保姆，每一房都有管事、跟班、账房，每位太太、少奶奶又都有一班随从。老公馆天天车水马龙，达官贵人云集，而盛老爷在北京、天津、上海、武汉等地来去匆匆，老公馆内外事物全靠庄太夫人一手打理（图5）。1911年10月，盛家老爷盛宣怀离开日本返沪就住进老公馆，从此在上海当寓公直至1916年4月27日离世（图6）。按照家乡常州的风

图5 盛庄德华太夫人遗像(1927年去世)

图6 1915年，盛公暮年在盛家老公馆，次年即离世

俗，盛宣怀的灵柩在老公馆停放一年半后，到了1917年11月18日（十月初四）才举办出殡仪式。同年12月20日，《字林西报》收到了伦勃朗摄影公司（Rembrandt Photo Co.）寄来的一些该司拍的盛宫保出殡照片[①]；12月22日，某影片公司制作的《盛宫保出殡》纪录片在大世界俱乐部献映[②]。据传，庄太夫人为举办盛大出殡仪式与工部局协商，在盛家老爷出殡时，整条静安寺路为之开绿灯，警察维持沿路交通秩序。而工部局则以辟通成都路作为交换条件同意为盛家出殡仪式保驾护航。但此说与实情有出入。经查《工部局董事会会议录》（简称《会议录》，下同）悉，是年为盛家出殡之事，董事会先后三次谈及此事。为还其真相，现将相关《会议录》摘录如下[③]：

1917年9月12日（星期三）

出殡队伍通过南京路　总董通知董事们，戈登·马立司（即小马立斯，瑞金二路118号马立斯别墅主人。笔者注）先生代表已故盛宫保先生的亲属询问，如果他们向工部局所指定的租界内的慈善机构捐献白银1万两，工部局是否会发给许可证让出殡队伍沿南京路通过。在与马立司先生的会谈中，代理总办似乎觉得：如得到这样一个特许，他们可能愿意捐献多达2万两白银。在讨论过程中总董宣称，他个人的意见认为根据这些条件发给许可证就等于工部局接受贿赂，而且据他所知督察长对此事持反对意见，他认为，此事应由警备委员会作进一步考虑，董事们表示同意。

1917年9月19日（星期三）

出殡队伍通过南京路问题　戈登·马立司先生提出另一条包括南京路上从新世界到市政厅之间的计划，如果能作某些细小修改，督察长将不会提出反对意见，而且既然不通过浙江路，如果已故盛宫保的亲属能与电车公司就中断电车行驶问题达成必要的安排，葬礼在星期日下午早些时候举行，同时所有细节安排能满足督察长的要求，在董事们看来，就没有足够理由来反对。

会议考虑了发放所需通行许可证时是否要向各医院提

供任何捐款，古柏先生认为，坚持要捐款并不等于接受贿赂，因为捐款完全是献给租界慈善机构的，它们将会因此从工部局的这一行动中获益。这一先例很难认为是不必要的。最后，在其他董事对此事发表意见之后，会议决定通知马立司先生，工部局希望丧家向公济医院捐款 1 万两白银，向同仁医院和仁济医院各捐款 5000 两白银。

1917 年 12 月 5 日（星期三）

盛宫保殡葬仪仗队　　盛家账房聂先生来函要工部局协助，代表他家将 1 万元分给上海的几家医院，聂先生解释说，这笔钱是作为在已故盛宫保先生的出殡仪仗队伍通过租界时所给予的方便和所作的安排的酬谢。

在与聂先生谈话中代理总办推测，盛家愿在适当时机再度向本市医院捐献一些钱，目前他们希望为捕房特别捐助一笔福利基金。董事们认为，最适当的是向捕房游乐和奖励基金会捐助，但此事应由警备委员会作进一步考虑。同时还决定向聂先生致函，对盛家的慷慨表示感谢，他们

◉盛故宮保出殯路由

已故宮保盛宣懷靈櫬定於十月初四日巳時出殯茲探得確定路由如下由靜安寺路本公館朝東過泥城橋走大馬路至廣西路轉灣朝南至福州路轉灣朝東一直至黃浦灘朝南過外洋涇橋過法界一直至招商局南棧金利源碼頭上船

工部局通告云十一月十八號即星期日爲盛故宮保出殯之期下列各路於該日下午一點至四點之間除電車外其他一概禁止通行至於寓於所開區域內之居民得允越過巡捕所立之處計開 卡德路東之靜安寺路東馬可改道走卡德路及愛文義路 浙江路西之南京路東馬可改道走浙江路及北京路 福州路東馬得斷續過四川路河南路福建路及廣東路與漢口路中間之黃浦灘

图7 《新闻报》(1917年11 月15 日，第9 版)]报道《盛宫保出殡路由》

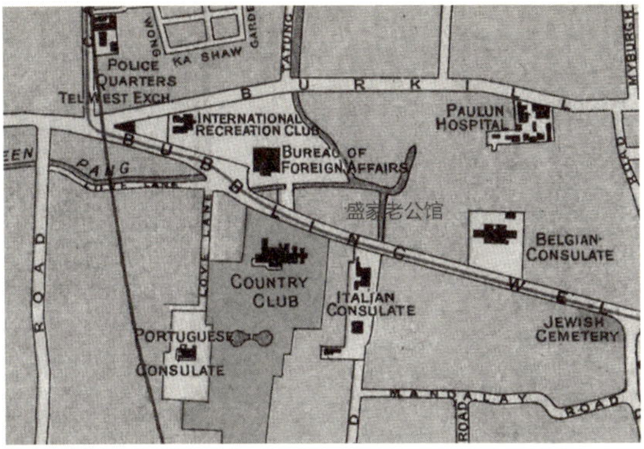

图8 1918年，由《字林西报》出版英文地图，静安寺路盛家老公馆位置

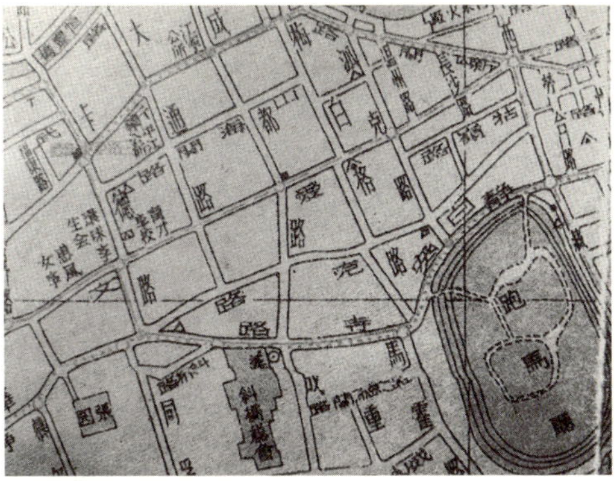

图9 1932年上海地图中盛公馆位置

目前捐助的1万元分配如下：公济医院4000元，仁济医院2000元，同仁医院1000元，余下3000元盛家明确要求捐给天安堂作为建造新校舍之用。

从以上《会议录》看出，工部局对盛家出殡一事相当重视，前后讨论了三四次，而且处理结果也合法得体（图7）。工部局的确是个廉洁高效的机构，它不可能也没必要将贯通成都路作交换条件与盛家交涉出殡事宜。实际上，成都路贯通约在20世纪30年代初，而1918年成都路仍未贯通（图8、图9）。

盛家老公馆除一栋老花园洋房外，其余的在盛宣怀和庄夫人相继去世后，就被盛家后代拆建为里弄住宅出租，后又陆续卖出。如，修德新村，原是盛家花园一角，1935年建有三层新里74幢，次年售于中国银行。抗战期间，连仅存的一栋老花园洋房也卖了，先是由上海卫生疗养院入住（1939年版《上海市行号路图录》标识），之后也成了中国银行房产（1947年版《上海市行号路图录》标识为上海中国银行成都路办事处）。50年代初，人民政府接管原中国银行房产，老公馆花园洋房成了中国人民银行静安办事处。1959年，时代中学高中迁此（其初中部在成都路对面黄浦交警队），银行仅保留靠路边的储蓄所。1966年，时代中学高中部迁至武定路476号新址，建承中学（1958年改名成都路第二中学，1985年恢复原名，成都路471号）高中部迁入直至1994年为造成都路高架道和工行储蓄所一起被拆。从此，盛家老公馆建筑走完了120多年风雨路。

①：THE Rembrandt Photo Co. kindly send us some excellent photographs of the late Sheng Kung-pao's funeral procession,The North-China Daily News(1864-1951) 1917年11月20日第10版

②：《申报》（1917年12月6日，第1版）广告《请看盛宫保出殡之新片影戏》

③：《工部局董事会会议录》（上海古籍出版社2001年版，第20册，第641-643页、第660页）

大自鸣钟原来是这样的

沪西地区，除曹家渡外，就数大自鸣钟是最出名的片区名了。读中学时，迷上了安装半导体收音机，为淘便宜零件，就隔三差五往牛庄路电器摊、南京路大庆电讯器材店跑。那时家住武宁路，去市中心淘零件为省车钿侪步行去额，一走就是半天。步行有两条路可选：要么经曹家渡往静安寺方向走，顺便去明声电讯商店看看，再由西向东沿北京西（东）路到浙江路右拐不远就到牛庄路；要么走长寿路到大自鸣钟再右拐进入西康路，到了北京西路后同上走法。每周至少去一趟市中心，故对大自鸣钟那一带街景商店，至少能讲个八九不离十。前段日子，偶然从网上看到秦兴培先生1993年拍摄的大自鸣钟一带的视频后，兴奋不已，恰如时光倒流，仿佛又回到从前的大自鸣钟……

1926年，在公共租界劳勃生路（今长寿路）、小沙渡路（今西康路）口道路中央，为纪念日本内外棉株式会社总经理川村利兵卫，工部局建起一座钟塔，名曰“川村纪念碑”。钟塔高14米，四周成方形，顶层四面均嵌有钟面的大时钟，每隔一刻钟，即叮咚自动报时，大自鸣钟由此得名。该处除了日商纱厂外，不少民族资本家也纷纷在此建厂，职工日益增多，建造了许多简陋工房，使这里居民聚居，商肆日盛，至20世纪20年代，逐渐成为沪西地区商业集中的闹市（图

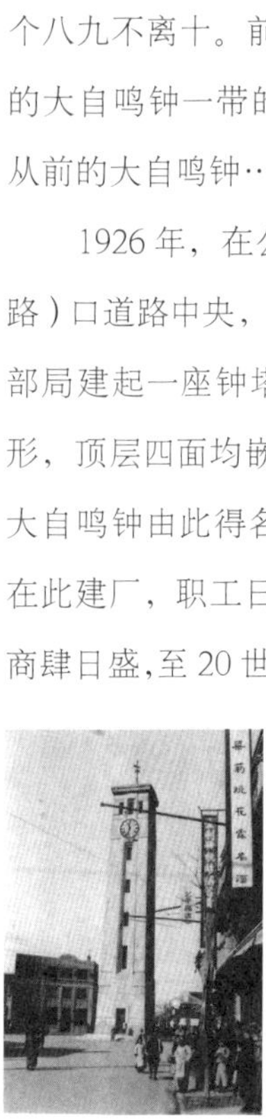

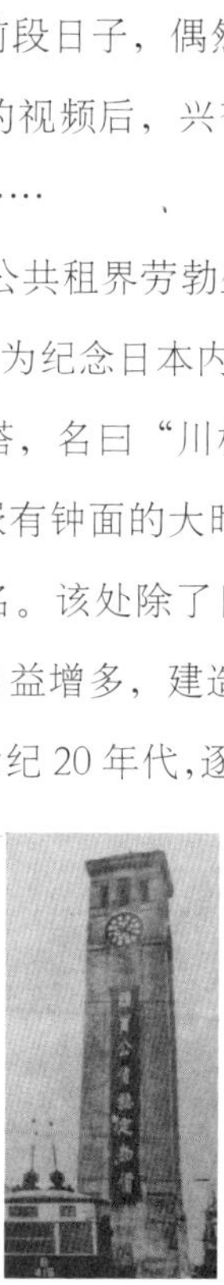

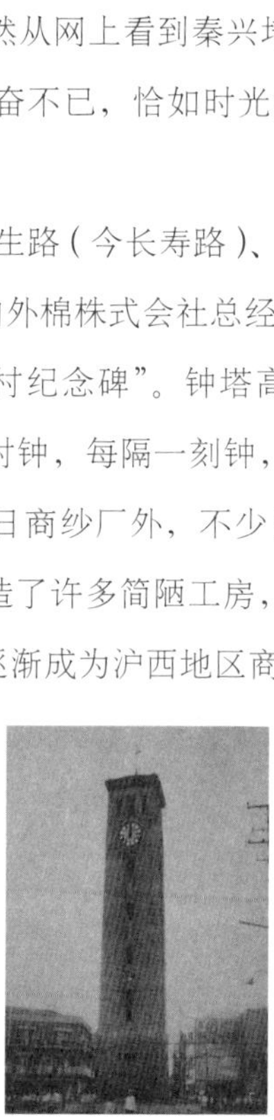

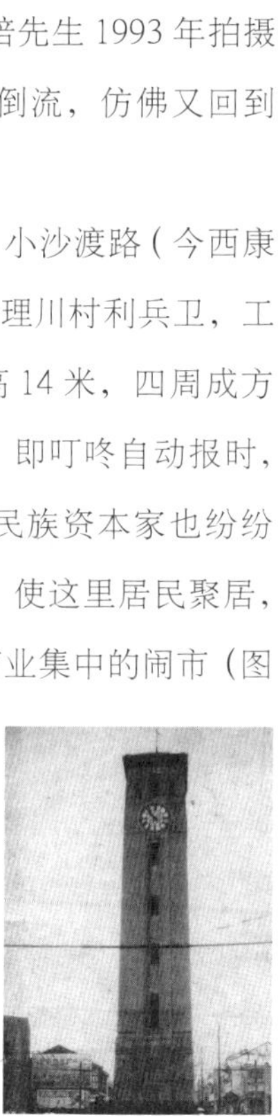

图1 1930年代，劳勃生路(今长寿路)、小沙渡路(今西康路)口西望。左侧为酱园和工部局卫生处大楼

图2 1950年，大自鸣钟挂有“购买公债稳定物价”之条幅，24路绿皮车正驶过路口。为了稳定金融物价，发展经济，政府于1950年发行人民胜利折实公债

图3 1950年代，大自鸣钟南望，路口左侧东南角为邮局。1959年8月塔被拆

图4 1950年代，大自鸣钟西望。右侧宝凤皮件部和寿康亨酱园

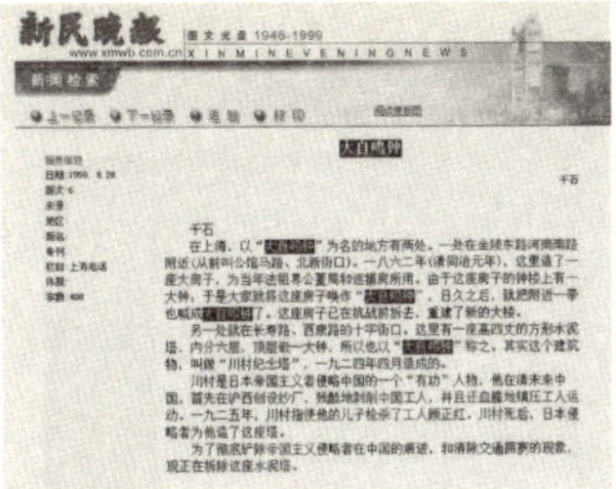

新民晚报 图文光盘 1946-1999
www.xmwb.com.cn XINMINEVENINGNEWS
新闻检索
上一记录 下一记录 返回 打印

大自鸣钟

报纸信息
日期:1959. 8.28
版次:6
来源
地区
版名
专刊
栏目:上海电话
体裁
字数:400

千石

千石

在上海，以“大自鸣钟”为名的地方有两处。一处在金陵东路河南南路附近(从前叫公馆马路、北桥街口)。一八六二年(清同治元年)，这里造了一座大房子，为当年法租界公董局和巡捕房所用。由于这座房子的钟楼上有一大钟，于是大家就将这座房子唤作“大自鸣钟”，日久之后，就把附近一带也喊成大自鸣钟了。这座房子已在抗战前拆去，重建了新的大楼。

另一处就在长寿路、西康路的十字街口。这里有一座高四丈的方形水泥塔，内分六层，顶层装一大钟，所以也以“大自鸣钟”称之。其实这个建筑物，叫做“川村纪念塔”，一九二四年四月造成的。

川村是日本帝国主义者侵略中国的一个“有功”人物，他在清末来中国，首先在沪西创设纱厂，残酷地剥削中国工人，并且还血腥地镇压工人运动。一九二五年，川村指使他的儿子枪杀了工人顾正红。川村死后，日本侵略者为他造了这座塔。

为了彻底铲除帝国主义侵略者在中国的痕迹，和消除交通拥挤的现象，现正在拆除这座水泥塔。

图5 《新民晚报》1959-8-28，千石“大自鸣钟”

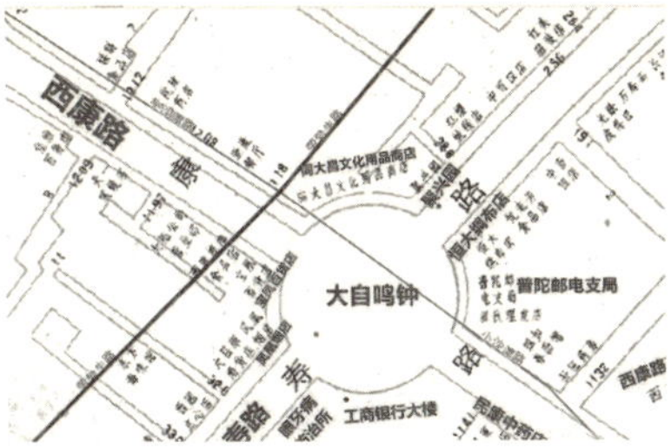

图6 1989年上海商用地图大自鸣钟及其附近截图

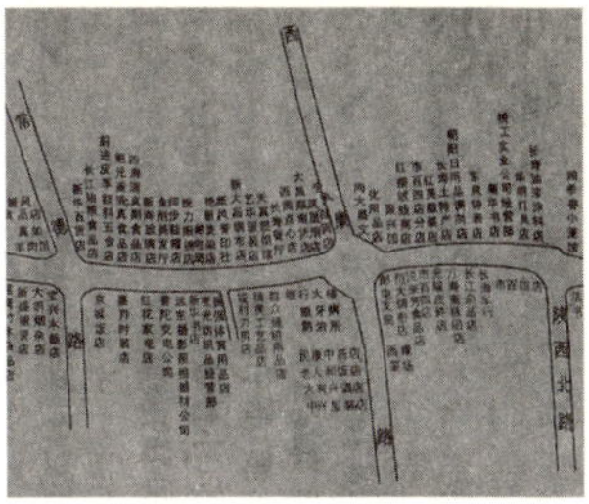

图7 1990年代，长寿路大自鸣钟周边商业街图

1—图4)。大自鸣钟大致范围：东至今陕西北路，西靠常德路，南近安远路，北达普陀路。① 1959年8月，“为了彻底铲除帝国主义侵略者在中国的痕迹，和消除交通拥塞的现象”，②沪西地标建筑钟塔被拆除。但“大自鸣钟”作为地名流传至今（图5）。

大自鸣钟片区的中心即长寿路西康路口，从图6来看，西南转角原标识“待建”字样，而秦兴培先生1993年拍的视频显示，此转角建有工行大楼，原创办于1958年10月1日的眼牙病防治所搬至银行西侧长寿路247弄1号。故此次笔者参考“长寿路商业街图”特地补齐图中行号标识。在银行大楼南侧西康路上有家民康中药店，其前身是仁厚堂国药号，1937年7月由江阴县人赵石耘、张鸿兆、仲佩绅3人合股创办③（图6—图9）。

普陀邮电支局，位于长寿路西康路口东南转角，局址为长寿路215—219号。该支局前身为长寿路邮政营业所，建于20世纪30年代初。系砖木结构一开间三层楼房(219号)。1956年，筹建长寿路邮电支局，并将原邮局东北侧的宝大绸布店房屋并入(215—217号)，下设宜昌路、昌化路、叶家宅三所邮政所。1958年改名普陀邮电支局，

图8 西康路近长寿路口南望，前方路口左侧即邮局，右侧是工行大楼。秦兴培摄于1993年

图9 1980年代，西康路1137号，民康中药店

图10 长寿路215-219号，普陀邮电支局

并裁撤宜昌路邮电所。此邮局全景老照片在网上难觅踪影，只得将《普陀区地名志》上附图拿来凑合着看看④（图10）。

恒大绸布商店，位于西康路长寿路口东南转角东端，其西侧紧挨着邮局，店址为长寿路207—213号。此店为砖木结构老式三层楼房，有四开间门面。该店于1926年由沈干臣集资创办，初址为长寿路201号，仅二开间铺面，经营棉布为主。1932年迁至207号并扩大店面。此店地处大自鸣钟闹市，生意兴隆，有沪西“协大祥”之称。1956年，公私合营。⑤1990年，此店翻建，改名恒大商行，扩大经营范围，如，服装、绒线等（图11、图12）。

西康菜场，位于西康路东侧、长寿路南，西康路1112—1132弄间。始建于1932年，1935年竣工使用，初名小沙渡菜场(西康路旧称小沙

图11 1980年代，恒大绸布商店（长寿路207号）

图12 1993年，恒大绸布商店改名恒大商行。上海首届东亚会时期，主要卖绒线和服装。边上就是邮局。

渡路FERRY ROAD)，由原菜市弄内的小商贩租赁摊位私人经营。1943年改为现名。1958年为集体所有制单位。菜场分早、中、晚三市，商品除分类设柜供应外，还另设侨汇、回族清真、盆菜和营养菜等专柜，逢年过节，设立节日桌菜和军烈属专柜。大门口设有熟食品专柜。1985年起，增设水果和南北货专柜。此外，还设立代客服务项目，如腌制咸蛋、加工皮蛋、划鳝丝、油氽肉皮、水发鱿鱼等。1985年起，菜场与四川重庆宝华贸易行联营，在二楼开设天府酒家川菜馆；与崇明新海农场联营，在地下室开设西康招待所兼营冷热饮[6]（图13）。

同大昌文化用品商店，位于长寿路西康路东北角，店址为长寿路 296—306 号，系 1 幢砖木结构两层楼房。1940 年，许翰文独资创办同大昌烟杂店（298—300 号），经营卷烟、肥皂、毛巾、绒线等小百货零售业务。1956 年，同大昌公私合营，原长寿路 162—164 号生活文具店并入该店，改以销售文具用品为主，更名为同大昌文具商店。1958 年，西邻的老陆正大棉布店（302 号）、晋泰绒线店（304—306 号）先后他迁，其店面划归同大昌使用；同时还将长寿路 288 号弄口的公记锦旗店业务并入。1967 年，改名工农兵文化用品商店。1975 年 12 月将长寿路 376 号的四新纸张商店并入，同时在西康路 1226 号设立切纸工场。1984 年，又在宁强路 226 号增辟门市部并兼作仓库。

图13 西康路1112-1132弄间，西康菜场

图14 长寿路296-306号，同大昌文化用品商店

图15 俯瞰长寿路296-306号，同大昌文化用品商店

图16 1990年代，长寿路西康路口西北转角，宝凤百货商店

1985 年 5 月恢复原名。[7] 1990 年代始，同大昌兼营体育用品，故更名为同大昌文化体育用品公司（图 14、图 15）。

宝凤百货商店和凤凰烟店，位于长寿路西康路（1177 号）口西北转角处。原是一家老宝凤银楼，后改开宝凤皮件部，新中国成立后这里开设宝凤百货商店。在宝凤的西侧是凤凰烟店，再往西为老字号大昌顺南货店（图 16—图 18）。

跟着镜头围绕长寿路西康路口兜了一圈，重现大自鸣钟当年街景，定能勾起您温馨的记忆！

图17 1980年代，长寿路西康路口西望，路口右侧为凤凰烟店

图18 1993年，西康路近长寿路口，宝凤百货商店门前。秦兴培摄于1993年

①：《普陀区地名志》（学林出版社1988年12月版，第64页）
②：《新民晚报》（1959年8月28日第6版，《上海老话》，千石“大自鸣钟”）
③—⑦：《普陀区地名志》（学林出版社1988年12月版，第315-318页）

棋盘街曾有“文化街”之美称

图1 民国2年(1913年)地图，棋盘街截图

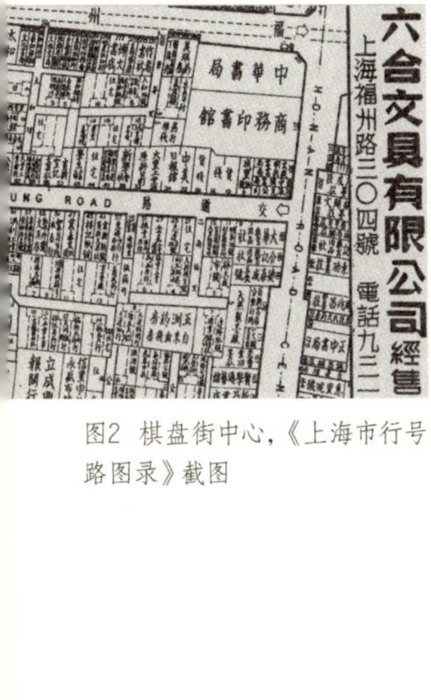

图2 棋盘街中心，《上海市行号路图录》截图

在老上海租界马路中，棋盘街常被提及，但大都语焉不详，令人不知确切方位。最流行的说法是，旧时将河南路（福州路至广东路段）两侧街市唤作棋盘街，后来把它向北延伸至南京路（今南京东路），向南延伸至三茅阁桥（今延安东路河南中路口）。那么棋盘街到底是路名还是街区名？为此，笔者找来不同年份的老地图，再参考《申报》记载，总算对棋盘街有了定位（图1、图2）。

除了河南路（今河南中路，南京东路至延安东路段）俗称棋盘街（中心）外，棋盘街南段东西两侧还有三条小路，位于广东路与爱多亚路（今延安东路）中间，以河南路为界，东侧两条小路称东棋盘街，西侧一条小路称西棋盘街。由此可见，棋盘街既是街区名，也是路名。东西向两条棋盘街小路一直延续至约2000年，之后不久因建造威斯汀大饭店和黄浦体育中心先后消失。

清末，棋盘街周边开了鸦片烟馆、旅馆、二等妓院和茶馆等，堪称闹市。坊间有西棋盘街俗称鸡鸭弄一说，或跟周边妓院有关。但这些风月场所民初便要么关张要么迁至他处，而商务印书馆和中华书局的建楼入住，棋盘街遂蜕变成“文化街”。谢菊曾老先生曾撰文回忆道：“当我来上海时（1913年），（棋盘街）已没有烟馆，而旅馆和妓院已各搬了场，至茶馆只有广东路口同芳居一家了。”①

1912年，中华书局先在棋盘街北段（河南路325号，九江路至汉口路段）开设发行所，坐西朝东，最初有四五间门面，后来扩大延伸至汉口路转角。1916年，中华书局迁至福州路口自建大楼内营业（河南路221号）（图3），原址一部分由出版《历朝通俗演义》大赚其钱的会文堂书局租用，靠汉口路转角的一部分房子在第一次世界大战期间由日本人租用，开了一家汉文《亚洲日报》馆。

①：谢菊曾《六十年前的棋盘街》(花城出版社1983年4月第1版，第82页)

在汉口路至福州路段南首老巡捕房东侧有条弄堂叫惠福里，弄内有家进步书局编辑所，这是沈知方（后来创办世界书局）和他的侄子沈骏会（后来创办大东书局）合办的，隶属中华书局，出版的书籍均由中华书局和文明书局发售，不另设发行所。

清末民初，棋盘街中心（福州路至广东路段），是大小书局和文具仪器的集中地，因此当时有“文化街”之称。商务印书馆发行所新楼于 1912 年落成（河南路 211 号），并举行庆祝活动，对顾客赠送书券及纪念品，门前车水马龙，盛况空前。数年后中华书局即在商务（粗体字为书局简称，下同）北首新建新楼，坐落福州路转角，地段和气派均比商务为胜（图 4）。

在两家书业巨擘对面，开着小书局多家，大多只占一二间门面，期间中国图书公司不久被商务印书馆收购。文明书局则被中华书局收买，但中华书局为与商务印书馆竞争起见，特将商务南首交通路（今

图3 1932年前，中华书局及周围，河南路，近福州路

图4 1912年商务印书馆在棋盘街（今河南路211号）建造的总发行所新楼

昭通路）转角一幢店面盘下，将文明书局从对面搬过来。这样一来，商务被文明和中华两家书局南北夹住，一时无法扩展店面。

20世纪30年代后，商务购得南京路福建路口原同羽春茶楼地皮，欲翻建大厦，然后将发行所从棋盘街迁入，但因房客不肯迁让，翻建计划告吹。这时，文明书局却从棋盘街迁出至同羽春茶楼对面，商务不得已而求其次，才将文明书局原街面房顶下，和发行所打通，总算扩大了门面。

当时商务和中华两家书局对面的小书局中，有群益书社、公民书局、审美图书馆等。群益书社由陈子沛、陈子寿兄弟所创办，以出版英汉对照读物为主，如:英国文学作品、纳氏文法、英文尺牍等。

而从日文迻译的《英汉辞典》，销量尤甚，前后售出达数万部。商务见状，如法炮制，翻译出版《袖珍英汉辞林》，也定价每本一元五角，还以对折价预约发售，抢了群益不少生意。

群益自家没有印刷所，它的书都是去日本印刷的。该社于1915年9月15日发行《青年杂志》，杂志由陈独秀主编，每月一期，每半年出一卷，从第二卷起即改名《新青年》，后来成为"五四运动"的先锋刊物，更使群益书社门庭若市，收益颇丰。后来，陈独秀与群益书社合作上出现裂痕，于1920年9月起《新青年》杂志独立发行，同时组织"新青年"社，该社至次年10月解散。

公民书局为王云五所办，不久商务印书馆欲延聘胡适先生为编译所长，胡遂荐王云五代之，于是公民书局随之收歇。审美图书馆以印售珂罗版美术明信片、图片等为主。商务印书馆南首交通路有家新学会社，专门出版农业和园艺书籍，大都从日文版译出。交通路南还有几家书局，如中华图书馆出版的王钝根等编辑的《礼拜六》周刊，颇受小资阶层读者喜爱，每期行销万余册，大赚了一把，该刊后来被推崇为"鸳鸯蝴蝶派"小说鼻祖。该馆见此种刊物销路甚好，于是又延聘天虚我生（陈栩园）、周瘦鹃等编辑《游戏杂志》等，均告畅销，一时引起诸多小书局纷纷效尤，此类读物一时风行沪上。

在商务、中华对面的文具仪器店，有艺学社和合记教育用品社两家，均以供应学校用品、文具、纸张、簿册为主，还有日本人开设的崛井誊写堂，专售油印机和附件以及蜡笔、蜡纸、钢板、铁笔和原纸等，当时这些用品没有国产货，所以这些生意被日本人所垄断。此外，还有供学校所用的理化仪器和博物标本、生理模型等商店。至于供应中国笔墨纸张的文具店，则有徽州胡开文（河南路196—198号）和曹素功两家，均在商务对面不远处。

弄堂小厂印出新中国大《布告》

图1 21949年5月25日，张贴在外滩大楼外墙上的《中国人民解放军布告》。美国记者哈里森.福尔曼摄

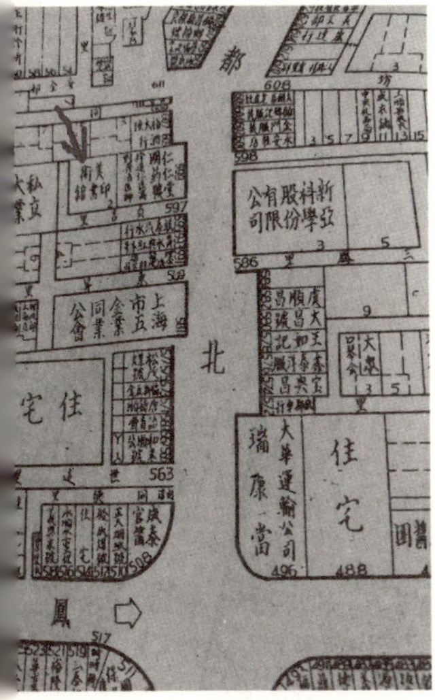

图2 成都北路597弄贞吉里2号，美术印书馆。《上海市行号路图录》上册图59截图

1949年5月25日，上海解放前夕，街头巷尾到处张贴了由中国人民革命军事委员会主席毛泽东、中国人民解放军总司令朱德签署颁布的《中国人民解放军布告》(以下简称《布告》)。而印制这张《布告》的竟是一家弄堂小厂——美术印书馆，主持印制任务的是该印书馆厂长钱锡声先生（图1）。

据王知行老人回忆，赶印《布告》的工厂叫美术印书馆，位于北京西路以南、梅白克路（今凤阳路）以北的成都北路上一条坐西朝东的弄堂里，弄堂口是爿中药铺，弄内顶头是一所小学，弄堂门牌号他忘了。按王老对工厂位置的描述，我在1947年版《上海市行号路图录》上册图59中找到了美术印书馆的门牌号（成都北路597弄贞吉里2号）。美术印书馆是家弄堂小厂，弄堂很短没几户人家，弄堂口中药铺叫仁仁堂国药号，弄内还有一所私立大业小学（图2)。

美术印书馆厂长钱锡声先生主持印制《布告》任务，并亲自制作印刷底版。当时，上海地下党组织是通过钱先生的妻兄舒忻同志（中共地下党员，上海解放后曾任职市公安局）的关系把赶印《布告》的任务交给钱先生的。王知行老人当时才15岁，是进厂才3个月的学徒工，有幸参与了这项意义非凡的光荣任务。

5月中旬的一天，地下党沈凡来到印书馆，将印制《布告》的任务交给了钱锡声。当时厂里没有制版设备，而这样特殊的印制又不能外发制版，但钱先生二话没说还是接下了任务。他知道做底版非易事，此刻他已下定决心亲自尝试做底版，不辜负地下党对他的信任。两天后，钱拿到了一张十六开大小的铅印《布告》样张，还预先已备好了三块磨好的对开胶印用铅皮版。夜深人静时，钱让家人到其他房间去睡，他独自一人在印书馆楼上卧室里开工制作底版。钱先生采用石印制版的方法，用毛笔蘸上印刷药水墨汁直接在铅皮版上书写布告，要做到一字不误、不漏，还不能打格子，可真不容易！不料写到一半，就报废了一块铅皮版。此时天已微亮，钱先生只好收拾东西，次日晚上再干。经过两个晚上的紧张工作，钱先生终于写完了底版，并把它藏好，择机印制《布告》。

5 月 25 日清晨，钱锡声一走出弄堂，看到人行道上到处都是露宿的解放军战士（此时苏州河以南地区已被解放军占领，以北地区还有残敌尚未投降），便知时机已到，马上招呼睡在厂里的工友们，准备赶印《布告》。同时通知地下党赶快派车来拿《布告》。赶印《布告》时，厂里仅 4 名工人：排字间的虞师傅，宁波人，王知行跟他学艺；铅印工是绍兴人（姓氏不详）；胶印工是王栋生，是王知行师兄。平日，王知行跟他师兄睡在厂里，两位师傅下班后就各自回家。待命赶印《布告》时，铅印间绍兴师傅也睡在厂里。当钱厂长一声令下，工友们齐心合力，很快就印出了 2 万多张《布告》。上午九时许，运《布告》的卡车已赶到厂门口，工友们将《布告》迅速搬上了车。那天，苏州河南岸的市民在街头看到了刚印出的《布告》（图 3）。

图3 1949年5月25日，张贴在外滩大楼外墙上的《中国人民解放军布告》。美国记者哈里森·福尔曼摄

上海第一辆有轨电车行驶路线

1908 年初，英商上海电车公司在正式开通有轨电车之前，先聘白尔电车公司试行，并在街头张贴大幅宣传画，希望上海市民都来乘坐有轨电车。有轨电车开行在即，连日在爱文义路（今北京西路）装配机器，由东首卡德路（今石门二路）开至静安寺路（今南京西路），先行试演，稳速异常。光绪三十四年二月初三（1908 年 3 月 5 日）清晨，英商第一条有轨电车 1 路电车从赫德路（今常德路）电车场开出，为上海电车运营之嚆矢。次日，上海电车公司在《申报》（1908 年 3 月 6 日，第 7 版）刊登电车开行广告，将电车头末班时间、车费及线路站点一一列出（图 1、图 2）：

英美租界电车由外洋泾桥起至静安寺一带之车，准于二月初三日开行开车。时刻并价目列左：头车每日早晨五点半、末车每日夜间十一点半，由外洋泾桥开行，每五分

图1 赫德路（今常德路）80号，英商上海电车公司停车场和有轨电车

钟或十分钟开车一次。头等每站洋五分，二等每站洋三分，续加每站洋二分。一站，黄浦滩总会或礼查往泥城浜；二站，泥城浜往卡德路爱文义路；三站卡德路爱文义路往静安寺。

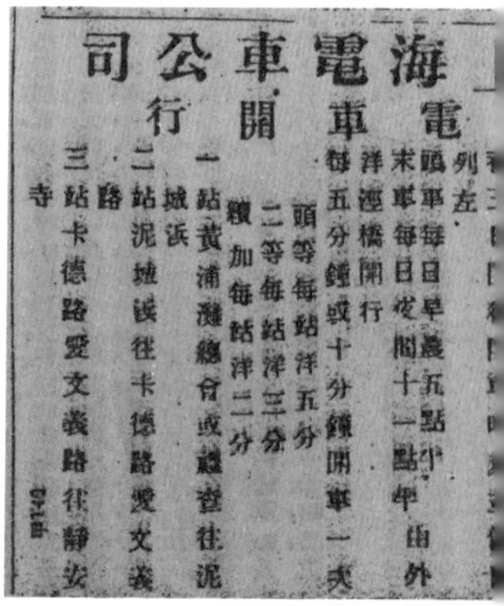
海電車公司

電車開行

列左

頭班車每日早晨五點半

末班車每日夜間十一點半由外

洋涇橋開行

每五分鐘或十分鐘開車一次

頭等每站洋五分

二等每站洋三分

續加每站洋二分

一站黃浦灘總會或禮查往泥

城浜

二站泥城浜往卡德路愛文義

路

三站卡德路愛文義路往靜安

寺

图2 《申报》(1908年3月6日)上海电车公司开行广告

按常理，1路有轨电车西段线路从静安寺站开出，沿静安寺路一路向东才顺道，而实际线路是先绕开静安寺路走爱文义路，行驶至爱文义路卡德路口转弯，沿卡德路向南再折回静安寺路继续向东行驶（图3）。电车不按常理行驶一定是有原因的。后人不知真相，想当然拿哈同说事，传哈同夫妇为了使住所（哈同花园，亦称爱俪园）环境清净，让电车绕开自家花园门前的静安寺路改道走爱文义路。对这类坊间传闻，我向来是质疑的。那么，这个“传闻”是事实吗？

带着这个疑问，我去图书馆查阅《工部局董事会会议录》（以下简称《会议录》），在1902年9月4日《会议录》中记载了董事会批准考察电车线路的工程师的建议：“取代沿静安寺路、卡德路口向西行驶的一线，电车线路改走卡德路，然后沿爱文义路延长路向西行驶。而与静安寺路、新闸路平行。工程师赞成此项线路改变的主要

图3 清末，卡德路（今石门二路）上行驶有轨电车

理由是爱文义路比静安寺路较长较宽且目前尚未栽树，因此在铺路轨时，妨碍公众较少。董事会在批准此项建议时考虑到这将有力地帮助这个不发达的地区的开发，对于市政有所裨益。”①从中看出上述传闻与实际电车线路改道的原因大相径庭。为了慎重起见，我继续往后仔细翻阅《会议录》，一直翻到电车通车的那年记录止(1908年)，发现《会议录》中的确还有许多条有关电车的记录，如，电车工程的招投标、电车的采购等事宜，却再也未提及电车线路，更无“哈同要求改道”一说。这表明，英商上海电车公司早在电车开通前，建议线路是全程行驶静安寺路的，后经工务委员会派员对建议线路实地考察，由工程师根据现有路况提交电车改道行驶的建议，最终由董事会批准实施，并非遭哈同反对而重定线路。《会议录》有关电车的记录排除了“哈同要求改道”一说，也解答了“电车为何在西段绕开静安寺路行驶爱文义路”之疑问。

某天，偶然读到谢菊曾老人《十里洋场的侧影》一书，文中一段亲历讲述佐证了上述工程师改道建议真实不虚。对“哈同要求改道”传闻，谢老斩钉截铁地说道：“这点并非事实”。据谢老回忆：“当年我曾亲眼看到一路电车在静安寺路(现南京西路)上向西驶行抵卡德路口(现石门一路)后即被‘张园’(一名“味莼园”)当头拦阻，无法前进，不得不沿卡德路至爱文义路(现北京西路)折而转弯西驶。”②张园的“拦阻”才是电车绕道走爱文义路的原因。张园盛期占地达70亩，让静安寺路出现“梗阻”路段，电车因此无法通过。在我看来，坊间传闻纯属胡编乱造。没想到，这一“传闻”竟被当作史料收进《上海掌故大辞典》③以致讹传至今，误人尤甚。如今，事实真相明摆着，传闻不攻自破！

①：《工部局董事会会议录》(上海古籍出版社2001年版，第15册，第563页)

②：谢菊曾《我的业余写作生活》(花城出版社1983年4月第1版，第195-196页)

③：《上海掌故大辞典》(薛理勇主编，上海辞书出版社2015年4月版，第69页)

图说下海庙及其他

旧时，沪东下海浦附近（今昆明路近海门路口），有座庙，原名义王庙，又称夏海庙，周边居民则习称“下海庙”。随着时间的推移，人们依河而呼，义王之名渐渐湮没了。在不同年代老地图中，此庙的标识则沿用习称（图1）。几年来，收集了不少老上海照片，除了那张网上盛传的20世纪80年代下海庙老照片外，久寻民国或更早期的下海庙照片却未果（图2）。

近期，有幸在网上见到一帧民国时期（图3原标识30年代）下海庙老照片，还在民国旧刊中觅到一张1933年下海庙旧影[1]（图4）。经图3与图4比对，发现图3原标识年代有误，因为30年代下海庙外围虽有环墙，但未见山门，且片中已出现双人后座脚踏三轮车，那是1942年后通行的交通工具。[2]

20世纪20年代末，下海庙一带虽地处城乡接合部，却从早到晚非常闹猛，来往的大多是来自杨树浦一带工厂的工人或无业游民。工人大多是三班倒，故日夜有人去逛下海庙街市，他们三五成群赶庙会似的常来此地看热闹饱口福找乐子，每日热闹得似“大世界”

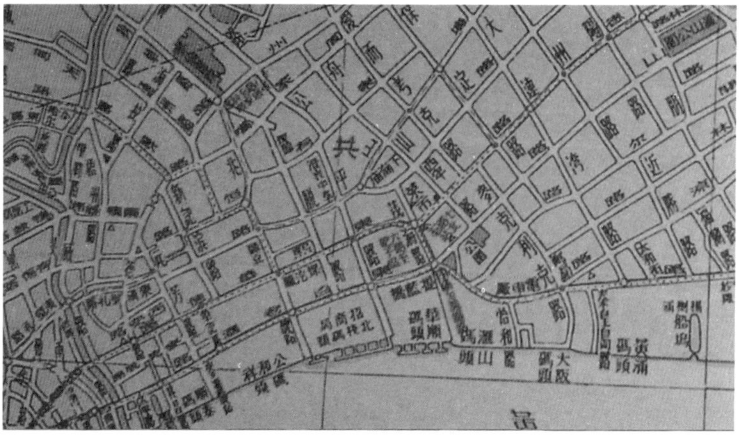

图1　1932年7月，下海庙及其周边截图（新测上海地图，葛烺编）

图2 1980年代，下海庙外景

一般。1924 年 2 月 24 日，下海庙举办赛会③，因赴会人潮汹涌，竟挤断桥栏，造成一年迈老妇掉河致死之惨剧（图 5）：

沪北夏海庙前日赛会，行人较众，竟将桥栏挤断，一时男女老幼落河者约有十余人，幸时在白昼，尽行援起，惟有住居张家港陈茂春之母现年七十九岁，年迈受惊，隔宿即行毙命。

平日庙前有各种游艺节目，如各种滩簧、说书、耍卖武艺、露天京戏、小热昏卖梨膏糖等；还有许多应时小吃摊，如南翔馒头、牛肉排骨面、油豆腐细粉汤、鸡鸭血汤、咖喱牛肉汤、白糖粥、五香豆、冷面、西瓜等；另有不少滩头，如测字问卜、看相算命、拔牙齿、教戏法、祝由科等。这些摊头都一字排开设于庙前，人群则里三层外三层，将下海庙围得水泄不通。至于看的听的吃的价格都低廉，花了几个铜板就能玩上半天，若花上两角小洋，那么差不多无论看的听的吃的都能尝试一下。下海庙虽地处公共租界，但庙宇建筑及其庙前空地属庙产，不受租界管辖，那些摊贩钻了这个空子，不用捐照就能在此摆摊，低成本经营，越做越火，吸引更多周边底层消费人群光顾。至20世纪30年代初，沪东下海庙街市的热闹堪比沪南之城隍庙。面对嘈

图3 约1943年，下海庙山门景

杂不堪的街市，租界当局以整治环境为由，在下海庙外围筑起一道环墙。筑环墙后，原摊贩，尤其那些做游艺唱戏的，陷于两难境地：若在环墙内摆摊，因人流稀少戏难唱或生意难做；若在墙外摆摊就得缴摊位费。故大多摊贩因缴不起摊位费而选择离开，原先人声鼎沸的街市顿时变得冷清，只有那些小吃摊和算命、拔牙的散落在环墙旁。闹市之地必有治安之虞，有了环墙也难保下海庙从此太平无事，如1937年1月15日，下海庙遭盗劫，损失二千余元：

> 沪东茂海路下海庙中，昨晨四时许，忽闯入暴徒五人，三匪执枪，将该庙中全庙大小尼姑二十余名，一并捆绑，洗劫一小时许，劫去现洋杂物约二千余元。各匪俱操北平口音，挟赃仓忙奔逸。事后，由该庙主持尼广和师太投报汇山捕房。—1937年1月16日《时

图4 1933年，下海庙外景

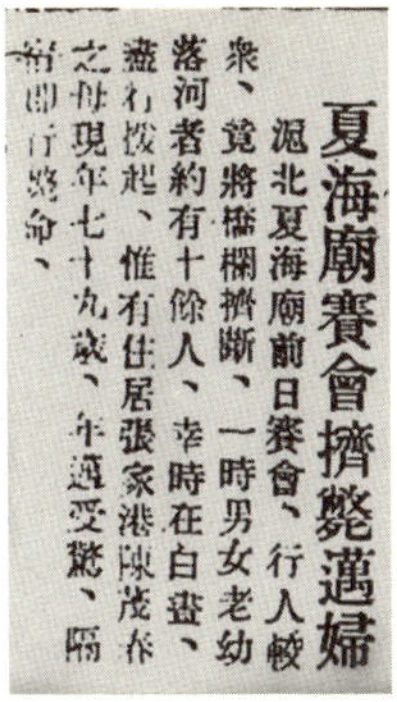
夏海廟賽會擠斃邁婦

滬北夏海廟前日賽會、行人較衆、竟將橋欄擠斷、一時男女老幼落河者約有十餘人、幸時在白晝、盡行撈起、惟有住居張家港陳茂春之母現年七十九歲、年邁受驚、臨[illegible]即行斃命、

图5 1924年2月26,《民国日报》报道《夏海庙挤毙迈妇》

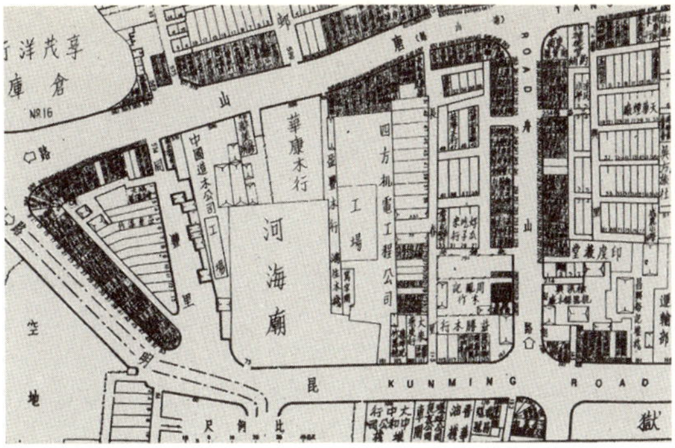

图6 昆明路73号,河海庙(取自1947年《上海市行号路图录》上册图43)

报》报道

“卜海庙”之名称在各种年份不同版本的老地图中,大多有标识,唯1947年版《上海市行号路图录》(简称《行路图》。2004年社科版再版时,改名《老上海百业指南》)上标识“河海庙”(图6)。《虹口区地名志》“下海庙”条目载曰:“……1937年大火,全部被焚,1941年又重建。大门用水泥砌成,装修宏伟,有‘下海庙’3字门额,至今仍清晰可见。”④图3即重建的下海庙影像,有新建的山门,但门额上未见“下海庙”三字。而在20世纪80年代下海庙老照片中有“下海庙”三字门额。显然,《虹口区地名志》所记载是根据图2往前推断的。至于山门额上何时才有“下海庙”三字,暂无从可考。现回过来再说《上海市行号路图录》上“河海庙”。若重建的下海庙门额有“下海庙”字样,那么,编制《上海市行号路图录》的测绘员在实地查看时就能见到,不会在图上标识“河海庙”了。这样,反证了当年山门上没“下海庙”三字。窃以为,除了用上海方言读音无法解释“河海庙”标识。另据《上海宗教志》载曰:“下海庙位于昆明路73号,初名夏海义王庙,因其位于下海浦口,故亦称下海庙。”⑤夏海义王庙,俗称夏海庙。“夏”与“下”在上海方言里是谐音。另,新华电影院之初名“夏令配克”的“夏”字也用的是上海方言读音(按其英文名OLYMPIC用官话应读“奥林匹克”)。而“河”与“下”的上海方言也近音,当年林康侯(1875—1965)主持编印的《上海市行号路图录》就是依据口口相传的“下海庙”上海方言读音来标识此庙的。

①:《勇进》1933 年(第1卷第7期 ,第155页)

②:《上海公用事业志》(上海社科院出版社2000年1月版,第292页):
最早设计制成双人后座三轮车并率先用它作客运工具的是上海三轮客车公司。该公司车辆制作工场,在前厢送货三轮车结构基础上改良,将踏车人的位置从后方移到前方,将乘客座位移到后面,配置自用人力车沙发车座,并予以合理组装总成。这种车型结构简单,附件较少,自重较轻,行驶轻快灵活,乘坐安全,乘客坐着弹簧软垫,倚着弹簧软靠背,既舒适安全,又美观大方。民国31年4月,上海三轮客车公司开张营业,双人后座三轮车投入营运,颇受公众欢迎,营运业务应接不暇,该公司营运业务一炮打响后,引起一些商界人士注目。他们急起直追招股集资筹组三轮客车公司,至当年年底,投入营运的三轮车达700辆,翌年营业车辆达2000辆。(摘自《上海公用事业志·第三篇简便客运·第三章三轮车·第一节车辆》)

③:赛会是用仪仗、鼓乐、杂戏迎神像出庙,周游街巷或村庄的酬神活动。明·黄瑜《双槐岁钞·妖僧扇乱》载曰:“伪立寺额,遇圣节,輒为赛会。”鲁迅在《朝花夕拾·五猖会》文中亦提及赛会:“我常存着这样的一个希望:这一次所见的赛会,比前一次繁盛些。”

④:《虹口区地名志》(百家出版社1989年9月版,第390页)

⑤:《上海宗教志》(上海社科院出版社2001年1月版,第72页)

武进路宸虹园遗迹探访记

2014 年 8 月 15 日得空去了一趟武进路 453 号，除了从其后门粗略看了一下，还是找不到进入主楼的门路（图 1）。17 日又去安庆东路 103 号，看望长兴园主人陆师傅，顺便向他打听宸虹园往事。巧了，陆师傅的本家同学原先就住八角亭旁，他立刻带我去见他同学的父亲陆龙骧爷叔（图 2—图 4）。见到老陆爷叔，就聊开了。老陆爷叔的父亲原在太平洋印刷所做出纳（图 5—图 7），他家新中国成立前夕搬来住。爷叔今年 84 岁（2014 年），记忆还算好，他在上海读的中专，毕业后分到北京建工局做俄语翻译工作，对建国初期这一块花园状况还记得蛮清楚的。陆老记得，这一块俗称赵家花园，新中国成立前夕赵家人将花园转让他人，全家离沪去了国外。建国初花园主楼被克利电机公司占用，其南侧中间一大块地是两江汽车运输公司场地，其东侧还有停车场，与《上海市行号路图录》所示完全吻合（图 8）；花园中间恰是一块空地，如图 9 中的草坪，如今小菜场的通道就是当年汽车进出的地方。花园中以前还有许多花木（图 10）。八角亭所在的房子是英商造的，原先开设太平洋印刷所，爷叔当年还看到楼内有几台印刷机。后来两江汽车运输公司

图1 宸虹园主楼遗迹外景，底层通道现为小菜场走道。无田摄于2014年8月15日

图2 宸虹园主楼遗迹南侧窗户。无田摄于2014年8月17日

图3 宸虹园主楼遗迹顶部全景。无田摄于2014年8月17日

图4 宸虹园主楼遗迹内景。无田摄于2014年8月17日

图5 太平洋印刷所遗迹，后门上方为八角亭。无田摄于2014年8月15日

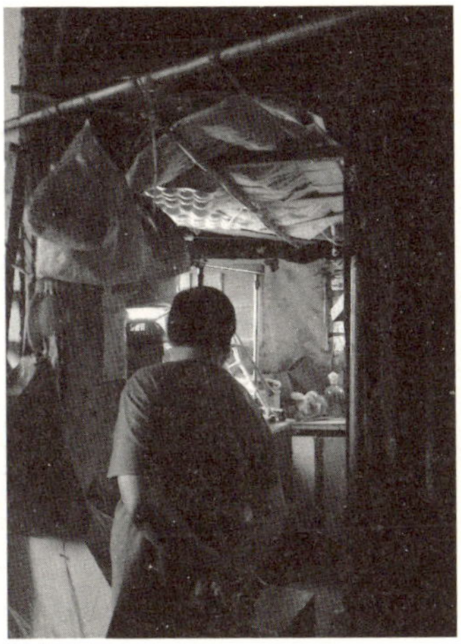

图6 太平洋印刷所遗迹八角亭内景，现为公用灶披间。无田摄于2014年8月17日

图7 太平洋印刷所遗迹楼梯。无田摄于2014年8月17日

又将印刷所房子盘下。八角亭原先是老板及其亲朋好友喝茶观景之处，后来加盖二楼变住房后，亭子也变成8户人家公用灶披间。爷叔特意开门让我进八角亭看看，里厢堆满了杂物，拥挤得转不过身来。453号后门这条弄堂俗称“两江里”，弄名源自宸虹园内曾经开设的“两江汽车运输公司”。

8月24日去图书馆查资料，看到张岚主编的《上海市历史博物馆丛刊》中，薛顺生的《辛亥革命虹口二三事》一文也提到孙中山先生曾来过武进路453号宸虹园（文中写成“宸红园”），并附近照（图11）。

自8月初网友“基诺Geno”兄发出宸虹园遗迹俯瞰图以来，“席子”等几位网友都做了大量实地勘察和图文并茂的介绍，现发此文权做补充，旨在记录历史、还原真实。虹口四川路街道18街坊正在动迁中，宸虹园遗迹因未列入历史保护建筑名录很可能被拆。为此，我从邻居陈晶老师（漆器专家，原常州博物馆副馆长）那里得到阮仪三教授的手机号，便与他联系，请求帮助。阮教授听后，让我将有关宸虹园遗迹情况及图片发他邮箱，以便他与虹口区政府领导沟通此事。致阮教授函如下：

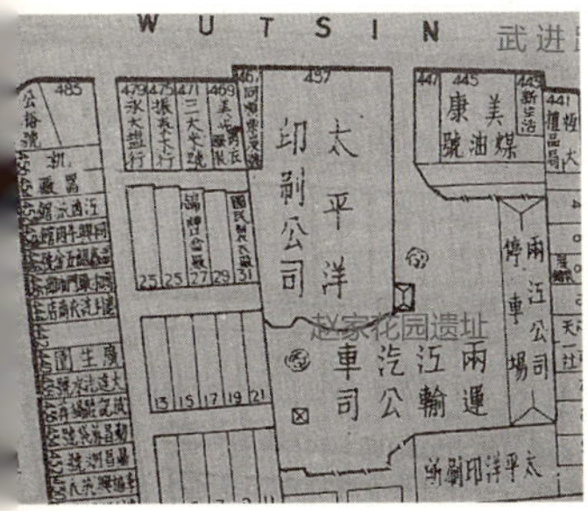

图8 武进路453号宸虹园遗迹《上海市行号路图录》上册图27

阮老师：您好！

晚生是今早与您通话的李建华，陈晶老师的邻

图9 赵家花园草坪旧影

图10 赵家花园内花木旧影

居。前几天，网友发了一张虹口武进路的俯瞰照片，问大家此楼的前世今生。马上有网友回应，这幢中西合璧的建筑物是“宬虹园”旧址。我立刻查民国时期的上海市行号路图录，图中标识是“太平洋印刷公司”，可见宬虹园在解放前就已移作他用了。后又在《园林志》获悉：“宬虹园在武进路453号。20世纪初，粤人赵氏所筑，俗称赵家花园。结构小巧精致，似西式园林。清宣统三年十一月(1911年12月)孙中山回国时，广东同乡会曾在此举行欢庆宴会。建国初，曾作肺结核病防治所，后为工厂用房。”如今由武进路、四川北路、海宁路和江西北路围成的片区正面临拆迁，而宬虹园至今未列入历史保护建筑名录，恐难逃被拆之命运。故，特将此事报告与您，希望能向虹口当局呼吁，将此楼保留下来。

现将网友拍摄的近照，以及从网上收集到的宬虹园老照片发于您，供您了解此建筑现状。

专此布达。为打扰您老深表歉意，恭请教安

晚生 李建华敬上

2014 年 08 月 07 日 22:45 （星期四）

图11 2000年，武进路453号宬虹园遗迹外景

没多久，阮教授传来好消息：虹口区政府决定暂缓对宬虹园拆迁，并报审将此列入历史保护建筑名录。

2018年9月8日，为了拍摄一组《消失的街角》，再次来到江西

图12 江西北路安庆东路东北角，无田摄于2018年9月8日

图13 四川北路街道18号地块拆迁后被保护的武进路453号扆虹园遗迹，无田摄于2018年9月8日

北路安庆东路一带扫街，从图12中能看到这一片(四川北路街道18号地块)拆迁后被保护下来的武进路453号扆虹园遗迹屋顶。为了看清其全貌，特走进拆迁工地，拍个近照(图13)。看到幸存的扆虹园遗迹，又想起了几年前在同济阮教授帮助呼吁下保护它的往事。

据《虹口文化志》所载，扆虹园旧址在老靶子路（今武进路453号）坐南朝北。20世纪初，由粤人赵姓所建，俗称赵家花园(图14—图16)。花园规模不大，小巧精致，式样似西式园林，共有四进。内有两幢楼房，楼上为供新婚夫妇租赁结婚之用。清宣统二年（1910年）六月，驻沪日本总领事于此设宴招待报界经理、主笔。九月，美国实业团一行41人抵沪在此举行茶会，11月驻英公使刘玉麟道经沪上驻此。清宣统三年十二月三十、三十一日，孙中山回国时，广

图14 赵家花园大厅旧影

图15 赵家花园楼台旧影

图16 赵家花园赵岐峰公像堂外观旧影

图17 清宣统三年十二月三十，孙总理回国上海各界在屒虹园开欢迎大会留影(《国庆纪念专刊》1933年[专刊，17页])

东同乡会和香山旅沪同乡在此设宴欢迎孙先生(图17)。启秀女校在此义演支援革命军。新中国成立前此处为国民党空军新生社社址。新中国成立初，曾为虹口区结核病防治所。后为上海台板配件厂，已无当年花园痕迹。①

①:《虹口文化志》(上海书店出版社1997年11月版，第20-21页)

跑马厅畔石翁仲

图3 1930年代丑星洪警铃

笔者读过《上海滩》2010年第10期刊发的洪光祥所撰《南京西路上曾有一对石翁仲》（以下简称“洪文”），后来在翻阅老报纸时，发现1946年至1948年间的《申报》上曾有过对石翁仲的连续报道，内容与洪文所述颇有出入（图1、图2）。

洪文说，20世纪30年代，上海有位电影明星叫洪警铃（图3），他笃信佛教，曾一度息影专事慈善事业。“一次，洪警铃听说外地某处正在清理古墓，墓道两侧的一对石人石马将当作废石料处理，就出高价买下了这对石翁仲，运回上海。”石翁仲因体积庞大，家里放不下，洪“无奈只好把它们安置在离家不远的路边。后经公共租界当局特准，就把石像移至跑马厅钟楼斜对面路口拐角处”。洪文中未交代洪警铃买进石翁仲的具体年月。然而，《申报》（1946年10月25日，第5版）有如下报道（图4、图5）：

美商米高梅影片公司，自决定在静安寺路梅白克路口之空地上，建造远东第一流电影院后，住于该处之两座石翁仲之命运，即将宣告结束。按该地原系摩勒洋行旧址，两石翁仲原系跑马厅中某姓墓前之物，当西侨摩勒建造新屋时，移

图1 1900年后，两个石翁仲又被移到跑马厅对面静安寺路梅白克路（现在南京西路新昌路）养马房门口，分立在大门两边，充当门神“保安”

图2 1928年，静安寺路梅白克路（现在南京西路新昌路）跑马场全景照片，背景是华安大楼，西侨青年会，国际饭店还没建，跑马厅石翁仲就站在那儿

图4 1948年，警察局派警士在石像前站岗，劝阻市民焚香膜拜。

图5 1948年，石翁仲前香火旺盛

来作为装饰品者。讵国人多迷信，竟奉之若神，上置“有求必应”字衬。石像前香火不绝，且多自远道赶来之虔诚朝香客；而前参与赛马之马夫，亦多往祈求者。故日前摩勒特函本市工务局，请求将该两翁仲迁往孟德兰路跑马厅之侧门前，俾马夫等得继续膜拜。然工务局因鉴于该项设施，显系提倡迷信，且众人聚拜，势将妨碍交通，并有碍观瞻，实难照准。总之，此一对翁仲，不久势在必迁，迁往何处则尚在不可知之数。

从《申报》的报道中可知，跑马厅畔（静安寺路梅白克路西北转角处，今南京西路新昌路口）石翁仲系西人马勒（又译摩勒）所有，且马勒先是把石翁仲（至于如何搞到石像无从考证，坊间传说不可靠）放在跑马厅内某姓墓前，1900年后租得跑马厅斜对面原属沙逊洋行一块空地，造了新房（马房）时，再将石翁仲移来做装饰品的。抗战胜利后，该地块换了主人，即沙逊将此地售与米高梅公司，作建筑戏院之用。

兩翁仲業已易主
將函米高美請拆

【本報訊】本市跑馬廳畔石翁仲二座，市府一直認爲係西人馬勒所有，日前警局拆除……曾函知馬勒公司。惟昨據該公司覆函，確悉該地產權早已屬之美商米高美影片公司。按該地本係沙遜洋行產業，戰前租於馬勒公司，光復以後，即售於米高美公司，作建築戲院之用，故翁仲已非馬勒所有。茲悉：市府已準備函米高美公司負責人，請會同警局限期拆除，逾期則由警局强制執行。

鐵索郎當翁仲去矣
焚香拜送愚民何多
警士持械衛護拆遷如臨大敵

吊懸空中尊嚴盡失

被拆卸之翁仲（本報攝）

图6 《申报》（1948年6月10日）《两翁仲业已易主，将函米高美请拆》

图7 《申报》（1948年7月21日）《铁索郎当翁仲去矣　焚香拜送愚民何多》

为留住这对“东方神物”，1946年10月，马勒曾请求市工务局，将石翁仲迁往孟德兰路（今江阴路）跑马厅侧门前，让马夫等得以继续膜拜，但未获准许，故石翁仲只能留在原处待拆（图6、图7）。

至于洪警铃与石翁仲的瓜葛，《申报》也有涉及，但洪只是关注石翁仲去留的“热心”人士，而非该物持有人。《申报》（1948年7月23日，第4版）报道：

> 石翁仲遭拆除后，有一班“热心”人士，正力谋为其重建香火。此辈以电影演员洪警铃为首，包括汤笔花等人，更以名医丁福保为号召，以保存“历史文物”、信仰自由及以所得香烛钱办施粥为理由，经市参议员张中原之折冲，要求将该两翁仲迁至复兴普渡善堂。现彼等进行之途径，一方面请米高梅公司出面致函市政府索还石翁仲交与彼等，一方面并向市参议会请求赞助，或有达到目的之可能云。

关于石翁仲被拆后的下落，洪文写道：“1948年，鉴于整顿市容等因素，这两座石翁仲被市政府搬走，从此下落不明。”其实，石翁仲于1948年7月20日被拆后，去向明确，即迁往闸北宋公园（1946年改名教仁公园），安置于宋教仁墓两旁。《申报》（1948年7月21日，第4版）报道（图8—图10）：

> 愚民尊为神灵之跑马厅对面一对石翁仲，已于昨日由工

图8 1948年7月20日，石翁仲被拆除

图9 1948年7月20日，拆除石翁仲现场

图10 1948年7月20日，石翁仲拆除现场

> 务局会同警察局拆除，暂时弃置闸北宋公园。……靠东之翁仲首遭厄运，其下部且斜裂一大块，因其躯体系劣质青石所制，以四五十年之历史，经日夜香火之熏炙，遂不堪震动而告碎裂。东翁仲于上午十时半吊离龙座，西翁仲至下午始拆毕。

次年3月，《申报》记者考察闸北战事遗迹时，还顺道去了宋公园。有《申报》(1949年3月31日，第4版)报道为证：

> 到了宋公园，是这一区域中唯一可以游憩的地方。我们顺便进去，到这革命先烈石像前瞻拜一番……像之两旁移植跑马厅对面的石翁仲二尊，翁仲已经过装修，黑帽，白面，黄袍，焕然一新，但已看不到香火的痕迹。公园门警对记者说，门外纵横的水沟，和高高的土阜，都是昔日战壕和防御工程的遗迹，益增苍凉之感。

记者不但见到了石翁仲，且还是焕然一新的，已看不到香火熏灼的痕迹。《申报》记者的这次报道，离上海解放之日，不到两个月时间。新中国成立初，这对石翁仲应该还在教仁公园（1956年更名闸北公园）宋教仁墓两侧。但《闸北区志》在“宋教仁墓”节中只字未提“石翁仲”，而《上海文物博物馆志》在“徐光启墓”节中记载道：墓地于“1957年修复竣工。修复后的墓地……墓前华表、牌坊及十字架等修补完整，从他处移来翁仲、石兽”。[①]这个“从他处移来”的翁仲，是不是来自宋教仁墓旁，就不得而知了。总之，此后真的下落不明了。

①：《上海文物博物馆志》(上海社科院出版社1997年6月版，第148-149页)

沧洲书场忆往

图3 《申报》(1941年7月5日)沧洲书场演出广告

20世纪40年代之前，上海书场大多集中在公共租界中心区域，有壶中天、汇泉楼、小广寒（青莲阁）、东方、中央、萝春阁、湖园等。南市（华界）有邑庙附近诸书场，如柴行厅、得意楼、四美轩、怡情处、群玉楼等；法租界境内书场则有雅庐（柳林路48号，后迁至顺昌路）、公平（重庆路3号）等书场；公共租界北区亦有玉茗楼、北园等。虽然北区书场少，不敷听客之需，但去租界中区听书交通较为便利，故亦不虞往返。而地处住宅区且人口稠密的公共租界西区，却没有一家像样的书场，难以满足听客需求。陈子桢曾创办过豆蔻化妆品公司、亚美麟记电台、同益出版社、乐园殡仪馆等，颇具跨界经营之口碑。他瞅准这一机会，遂于1941年6月底与张亚庸等人集资，创办书场于静安寺路西摩路口（今南京西路陕西北路口）西侧沧洲饭店底楼大厅内，名沧洲书场，于7月1日正式开幕① (图1—图3)。

沧洲饭店书场开幕首日，出演阵容强大，皆为耳熟能详之响档。早场由韩士良说《七侠五义》。韩先生(1897—1973)乃评话名家，20世纪20年代走红上海书坛，说书极少用穿插及噱

图1 1930年代，静安寺路西摩路口，沧洲书场。1941年7月1日，书场设于饭店底楼大厅

图2 沧洲别墅及旅馆，静安寺路西摩路口(1917年版地图局部)

头，纯以角色发挥书中情节，八技五到，熟而绳准，边式不慢，表白不勒，而官白尤富韵味，他每讲一回，总能引人入胜。当年上海两家最大的书场—“沧州”和“东方”，说《七侠五义》非韩士良莫属。日场有四档，下午3时起。第二档是蒋月泉、王柏荫师徒的《玉蜻蜓》。蒋先生原本宣告“歇夏”不接书场生意了，但受陈子桢的邀请，盛情难却答应出场，开说拿手好书《玉蜻蜓》，以飨众多“蒋迷”。蒋先生的《玉蜻蜓》得乃师张云亭真传，加上研习周玉泉，集两家精髓而独树一帜。蒋之拗调，有口皆碑，说表演形，其年维少而脱火气，颇有京剧中谭派风味，在诸青年弹词家中脱颖而出。其徒弟王柏荫虽入蒋门不久(1940年下半年拜蒋为师)，但聪颖善悟，书艺日渐纯熟，与师相得益彰。至20世纪40年代后期，蒋王正式拼档，成为海上书坛名嘴（图4、图5）。

图4 蒋月泉与爱妻邱宝琴的结婚照，摄于1940年，时年蒋23岁

图5 1980年代初，蒋月泉在家中

沧洲书场开设于沧洲饭店底楼。据资深票友朱正谊老先生回忆，沧洲书场与东方书场同属饭店书场，其形状独特，是扁长的，舞台朝东，入口在西摩路(今陕西北路)。书场的座位是藤椅，其扶手前端可放置茶杯。整个场子位子约有470个。书场内有茶水供应，还有零食可买。书场茶房(服务员)颈挂货担篮，穿梭于听众席间兜售，零食邪气丰富，如瓜子、五香豆、花生米，盐津菜、拷扁橄榄等。下半天3点多钟，还有点心供应，有八宝饭、馄饨、面筋百叶等。书场楼上是饭店，若想吃点心，跟茶房讲一声，给点小费就可送到

图6 1943年，成都路静安寺路口北望，成都路470号沧洲书场
图7 1949年，静安寺路成都路口东北望，沧洲书场

座位上。沧洲书场早场始行售茶制（每人每壶三角），这看似与过往书场的卖筹或买票制（奉送香茗）不同，实为换汤不换药的做法。

1943 年，陈子桢又租下盛宣怀老公馆（成都路 470 号，近静安寺路口）园内一幢三层洋楼，在二楼开设新书场，仍名沧洲书场，俗称“新沧洲”（图 6、图 7）。

“新沧洲”闹中取静，休息室中挂有楹联：“忠孝节义无非榜样；嬉笑怒骂皆成文章”。墙上张挂 10 余位评弹艺人大幅照片。舞台前，有 10 排，一排 20 个位子，共 200 个座位；舞台两侧也有几排位子，更奇特的是舞台后面还有 30 多个位子，听众能通过镂空隔断板看到演员后脑勺；当中一条窄走廊，两边也是走廊，座位且是斜排的。场内中间位子是蓝白条子制的帆布椅，对号的，每位票价壹仟元，两旁白帆布椅每位七百五十元，共有帆布靠椅 430 个。椅子靠手边有圆洞可放茶杯，还用玻璃板嵌着场内食品部的各色点心表。“甘草梅子黄连头，盐金花菜茨菇片”，这两句书场里的“市声”，想必老听客们再熟悉勿过。沧洲书场集小吃之大成，除了前文提到的面筋百叶、夹沙定胜糕外，夏天的糖藕，秋天的鲜菱，去皮装盆，都很精致。有一次，蒋月泉在台上放噱头，看到台下听众侪来吃点心，就讲：“嗯笃（你们）吃勒什哽嘎有味道，我馋吐水阿嗒嗒滴，书阿说勿连牵勒。”台下顿时哄堂大笑。尤其值得一提的是，场内牵线话筒（扩音喇叭）到处都有，连厕所内都安装了喇叭，即使大小便额点辰光，听客也不会少听一句书。说书台上的桌子用绣了五爪金龙的黄软缎桌围，两把高高的太师椅上，也是黄龙缎椅套，颇贴唱不完的“落难公子中状元，私定终身后花园”之陈调。成都路“新沧洲”开张后，西摩路“老沧洲”关闭一段时间又于 1945 年抗战胜利后重新开张，1947 年再次关闭。“新沧洲”开在二楼，舞台朝南，三面（东西南方向）临窗，南面中央有两扇落地钢窗，窗外有楼梯直达底楼，听客散场由此下楼。书场出口在成都路，三楼是福致饭店，四楼为亚美麟记广播电台（阁楼），底楼是书场办公室及演员宿舍，从苏州来的演员要住在这里。天热时靠电风扇散热，三面窗子一开蛮透风的。天冷时靠放在过道上的两只大火炉取暖。台下听客还可以抽烟，台

图8 韩士良、杨振雄师徒档在电台播唱

上演员离得近，有时被烟熏得呛了吃勿消了，就用纸扇拼命扇，颇煞风景。

上海滩那些姨太太们为解闷，大多往书场去，故沧洲书场中的“姨字头”听客尤多。据书场茶役说：“这些姨太太大都是在下午听书，因为下午她们的老头子大都不在家中，正忙于股票及黄金投机，所以她们可以放心大胆地在书场中表演‘眉目传情’。”有趣的是，一个姨太太和一个小白脸，由眉目传情而坐在一起，继则一同出门。下次来时，就相偕出入，不知道的人，还以为他们是一对夫妇呢！但是，“眉目传情”对不上的也有，多因无眼缘，加之小白脸言语粗俗所致。②

“新沧洲”书场离市中心更近，面积大、设备新，吸引说书艺人纷纷投效。1945 年 8 月，姚荫梅（1906—1997）在新老沧洲书场同时开说自编的《啼笑因缘》，因其说法新颖、别具风格而轰动上海滩，有“巧嘴”之誉。此后，上海滩书场凡说《啼笑因缘》的都用姚的本子。同年 9 月，为庆祝抗战胜利，书场老板陈子桢说服素有“塔王”之誉的沈俭安、薛筱卿第三次拼档说《珍珠塔》，在“老沧洲”说日场，在“新沧洲”说夜场送客。1946 年 9 月，周云瑞、陈希安（时年周 25 岁，陈 18 岁）进沧洲说《珍珠塔》，被誉为小沈（俭安）薛（筱卿）档。1948 年，杨振雄（1920—1998）在沧洲书场演《长生殿》，楼上亚美麟记电台实况转播，从此红遍江南。为保“老耳朵”（即老听众）不辍，沧洲书场实行月票制，七折优待，其他书场亦纷纷仿效（图8）。

成都路沧洲书场南面有小广场一片，路人经过，可见书场内说书人动作（书场朝南一侧装有两扇大落地玻璃窗），书迷们常站在场外看白戏，且可从说书人姿势推断所说的是那出戏，夜间过路人也会立此“观”书，良久不离去。此乃沧洲书场一景也。

1948年，雅社票房成立，推蒋月泉为社长。同道们听说此事有点不服，说：“倷（你）拉帮结派，伲（我们）现在吃饭已经成问题了，倷还拉一帮人抢伲饭碗头。”等蒋在沧洲书场演出要上台时，几个演员拦着不让他上，要蒋摆一句闲话，不做社长，还警告蒋，当心“吃生活”（沪语，揍人），书场老板见状急了，马上打电话给杨斌奎（1897—1972，杨振雄之父，时任上海评弹协会理事长），叫杨做调解人。杨说：“里笃勿拨蒋上台是勿来三额，影响演出，让伊上台，搿问题我来解决。”杨斌奎就做蒋月泉工作，劝伊放弃社长位子，仅做顾问。后来，蒋月泉就辞去雅社社长职务，推华震亚做社长，他任顾问，事体总算平息下来。说起书场趣闻轶事，联社老票友朱正谊老先生话匣子就打开了。他说，过去买一张票子，可听四档书（个别听五档也有，但少有），要听三个多小时，夜场也是四档，45分钟一回。范雪君(1925—1995)说第三档，辰光最好，最后一档（送客）就会遇到听客提前离场额尴尬场面。当第二档书结束后，台上马上换椅披和茶杯，侪是金光闪闪，连聚光灯也多开两只，四只聚光灯一起开，特别亮。于是，范闪亮登场。说好下来，椅披又换掉。这种待遇只有特别大响档可享受，杨振雄过去也享受这个待遇。其他演员出来就没有这种待遇，蒋月泉也没有。

评弹界津津乐道的“七煞档”，亦缘起沧洲书场。1948年正月廿四，是评弹祖师爷泰伯的生日，中午时分沧洲书场艺人在三和楼聚餐（云南南路15号），老板张亚庸（时任上海书场同业公会理事长）也来赴宴。张鸿声酒后失言得罪了张亚庸，张亚庸恼羞成怒，就和书场同业公会商讨，要将其逐出上海书场。蒋月泉为张鸿声打抱不平，对张亚庸说：“倷如果封杀张鸿声，我也不唱了。张鸿声发酒疯不对，摆一桌酒，我出铜钿，叫张鸿声向倷赔礼道歉，倷收回成命，此事就算了。倷看那吭？”张亚庸答应和解。事后,张鸿声对蒋月泉很感激。是年中秋,由张鸿声安排,七档书开赴苏州演出。张鉴庭、张鉴国（《十美图》《顾鼎臣》)、蒋月泉、钟月樵（《玉蜻蜓》)、周云瑞、陈希安（《珍珠塔》)、张鸿声（《英烈》)、潘伯英（《张文祥刺马》)、韩士良（《七侠五义》)、唐耿良（《三国》)联手做五六家书场，一到苏州，场场客满。当地说书人顿时生意清淡只好到城外小书场里说书了，称“上海来了七个凶神恶煞,赶走小鬼(举)。”“七煞档”之称由此传开(图9)。

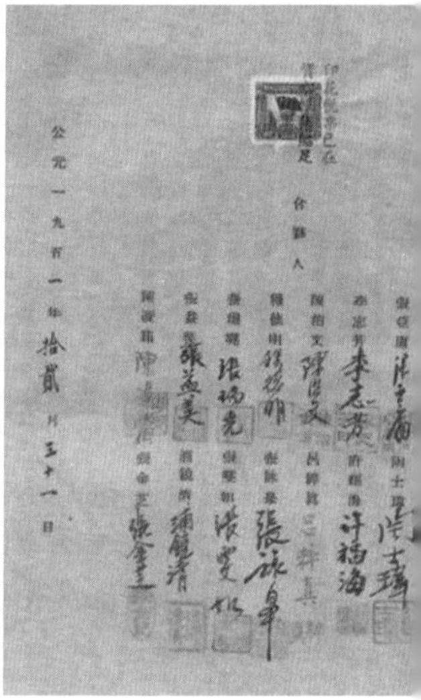

图9 1951年12月31日，沧洲书场合伙人名册，陈子桢、张亚庸等

1950 年，沪上评弹界艺人常假座沧洲书场开会，或举办慈善义演义播。1 月 8 日,为普善山庄劝募,评弹艺人纷纷赶来沧洲书场义演,杨斌奎、杨振雄、华伯明、张鸿声、黄静芬、陈莲卿、祁莲芳、薛筱卿、郭彬卿、吴剑秋、朱慧珍、刘天韵、谢毓菁、唐耿良、周云瑞、陈希安、王柏荫等济济一堂。凡当场捐款者，均可入座听书。5 月 7 日，评弹公会诸艺人为援助失业弟兄，在沧洲书场举行会书，晚间 5 点起至 12 点止，为红十字会和电台广播公会联合举办的流动诊疗车等筹募经费，在书场同楼的亚美麟记电台（九九〇千周）义播评弹③。每半小时一档。蒋月泉也从香港赶来，张鉴庭、张鉴国、周云瑞、陈希安、唐耿良也当晚返沪义演（图 10)。

1951 年 11 月 9 日至 11 日，书戏《野猪林》在大众剧场（原黄金大戏院）公演，评弹界诸响档蒋月泉、刘天韵、张鉴庭、姚荫梅、张鸿声、吴子安、周云瑞、朱慧珍、王柏荫、张鉴国、陈希安等悉数登场。公演前在沧洲书场排练，通常于书场夜场散后 10 至 12 点钟进行。那时，朱正谊正在圣约翰读书，闲暇常去“沧洲”听书，

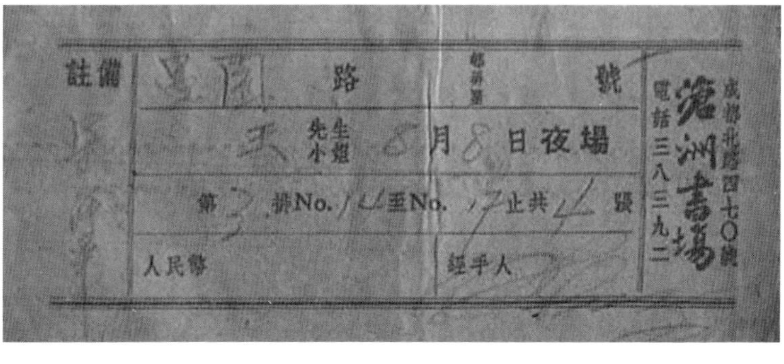

图10 沧洲书场订票袋

听联社票友说夜场散后还有排练，就留下看演员排练书戏《野猪林》，饶有兴味地看到半夜，过了有轨电车末班车时间，只得走回家。

1952年4月，上海人民评弹团以蒋月泉为骨干，18位艺人在沧洲书场开演《一定要把淮河修好》，一改评弹传统的长篇形式，创作出由四回书组成、一个晚会演完新形式，谓之“中篇评弹”。连演300场，听众多达30万人次。其中选曲《留过年》成为蒋月泉又一代表作。1953年中篇评弹《海上英雄》在沧洲书场首演，亦久演不衰。

台湾作家高阳1990年来沪时，对友人说起，他自小雅好评弹，常跟着大人孵书场，20世纪40年代来上海求学时，曾是沧洲书场的常客，对夏荷生说的《描金凤》尤为迷恋。沧州书场在评弹爱好者中留下了极佳口碑，是“老耳朵”云集之处。但好景不长。1949年后，大批舞厅改为书场，仅南京路一带就有七八家舞厅书场，如“仙乐”（原仙乐斯舞厅）、“西藏”（原米高梅舞厅）等，舞厅书场座位大多达六七百个，“静园”（原大都会舞厅）位子多达近千个，且座位舒适、灯光柔和、音响效果佳，还有冷暖空调。1954年，上海全面禁止营业性舞厅开设，舞厅书场索性改为日夜演出评弹的专业书场。原来在沧洲书场说书地响档纷纷转投舞厅书场，如1959年，蒋月泉、杨振言、朱雪琴、王柏荫、苏似荫、华士亭、徐雪花的中篇《厅堂夺子》在静园书场首演。沧洲书场优势不再，难续辉煌，渐渐没落了，至1968年，书场终被关闭。书场遗址现今归属长征医院。

①:《弹词画报》1941年7月1日（第53号，第4版）

②:《星光》1946年(新21号，第2页)

③:《新民晚报》（1950年5月6日，第2版）报道《评弹界明晚义播》

闲话有轨电车

“叮叮当，叮叮当”，有轨电车穿梭在老上海的大街小巷。身着旗袍的摩登女郎腕挎手袋，款款而上电车的踏板；头戴礼帽的老克勒侧倚在木长椅的车厢里，翻着刚买的《申报》，或漫不经心地浏览车窗外的大马路。这一幕幕街景，像泛黄的月份牌，将你我带回风花雪月的老上海（图 1）。

说起有轨电车，那是老底子事体，它的前身是有轨马车。早在 1865 年，世界上第一条马拉的有轨车道在柏林诞生。1881 年，还是在柏林，由冯·西门子设计的首列有轨电车问世了，当时它只能载 6 人，轨道长度只有 400 米。7 年之后，美国弗吉尼亚州里士满市建成了世界上第一个投入商业运行的有轨电车系统。从此，有轨电车渐入佳境，20 世纪中叶有轨电车进入黄金时代。早在 1881 年，英商怡和洋

图1 1930年代，赫德路（今常德路）爱丁顿公寓(今常德公寓)，一辆有轨电车正由北向南驶来

图2 1963年，天潼路近福建北路口西望，正在铺设有轨电车轨道。路右侧大众照相馆（天潼路820号）近唐家弄口

行向法租界公董局倡议在租界内行驶有轨电车，法公董局开始着手研究在法租界内行驶有轨电车交通的计划，这是上海第一次筹办有轨电车工程①。但由于英法美等国的利益分配等原因，直到27年后，即1908年3月5日（比天津首先开通白牌电车，晚了2年），上海第一条有轨电车线路才正式开通②。这条由英商经营的1路有轨电车，线路长6.04公里，自静安寺至外滩广东路的上海总汇。据说，当时市民们误以为坐电车会触电，一时没人敢坐。为此，英国人雇用了一批失业者当专业坐车人，还向乘客赠送花露水、牙粉、香皂等礼物，生意才逐渐好转。20世纪30—50年代，有轨电车已遍布上海市区东南西北各个角落，并成为公共交通的主力军。随着上海城市的发展，人口增多，交通繁忙，有轨电车的不足也日渐显现：线路布局不合理，车辆成旧，噪声大，速度慢且刹车迟钝。1960年10月6日起，行驶在淮海路上的2路有轨电车最先拆轨，以26路无轨电车代之。1963

图3 1963年，天潼路敷设有轨电车轨道，天潼路浙江路口东南转角房屋拆除后街景

年4月至8月，为调整线路布局，拆除南京路、北京路等路段电车轨道，以大型铰接式无轨电车代之，并将拆下的轨道铺设于天潼路（东大名路至浙江北路）、浙江北路等路段，使原有8路有轨电车顺东大名路、天潼路接通浙江北路，与原有1、3、5路有轨电车在苏州河以北相衔接。此工程牵涉到1、3、5、8路等多条有轨电车线路（图2、图3）。1970年代初，市内现有的电车轨道被陆续拆除，直到1975年12月1日，上海最后一条有轨电车线3路（虹口公园五角场）被拆除，改行93路汽车，从此上海告别了近70年的有轨电车历史③。

20世纪50年代末，阿拉小辰光从天潼路老泰安里搬至怡如里（646弄）弄堂里厢。1963年8月15日，天潼路开通有轨电车，就有一辆8路有轨电车经过弄堂口，3分钱起价。那时家境拮据，我少有零用钱，尽管很想乘坐电车去南京路，但苦于囊中羞涩，常常站在弄堂口看着电车远去的背影，梦游一番。梦境中，我驾驶着电车穿梭于大街小巷……

到了上小学时，家母每周才给我2分钱零用，我舍不得花，把钱一分一分攒起来，存入一个泥制储蓄罐。听到硬币掉入罐中声响，想到会有越来越多乘电车的钱，内心如灌蜜似的，快乐无比。不久，“文革”风暴来临，大中小学校都停课闹革命。邻居王兄，他说现在只要带上红宝书（《毛主席语录》），上电车向乘客背上一段语录，车费全免。听到免费乘车的消息，顿时热血沸腾，急不可待地跳上一辆电车，就大声背道：“要斗私批修！领导我们事业的核心力量是中国共产党。指导我们思想的理论基础是马克思列宁主义。”在那段疯狂的日子里，别说免费乘电车，比我稍长的大哥大姐侪免费乘火车去大串联了。侬晓得哦？乘有轨电车最有味道额是立勒驾驶员旁边，看伊开车，伊是立勒嗨开车额。1968年，我家从天潼路搬到武宁路，住进了有煤卫设施的楼房。远离了弄堂，远离了石库门，远离了有轨电车，一种怅然若失之感油然而生。可以说，“叮叮当当”的电车声伴我走完了少年时代。

传统的有轨电车毕竟速度较慢、噪声较大，而制约其大规模高速度发展的最大瓶颈就是铺设轨道。然而，有轨电车的最大长处便是污染较少。此外，它的身上总是蕴含并散发着一种特殊的历史文化气质。事实上，欧洲各国名城正是着眼于此，近年来成功研发了“扬

图4 2009年8月19日，大连街头的有轨电车。无田摄

图5 2009年8月19日，在大连乘上203路有轨电车，特地站在驾驶员身后，恍如隔世。无田摄

长避短"的新型有轨电车。我国大连市中心，至今还运营传统有轨电车。这也是我喜欢这座北方城市的理由。

2009年夏，首次去大连旅行，漫步于高楼大厦林立的街头，却无意中发现一辆古朴的有轨电车缓缓驶来。我惊呆了！在中国，有轨电车并非大连独有，但如此保存完整并精心经营，将电车做得充满古早味道的却只有大连，特别是自火车站前至寺儿沟的203路有轨电车。目前在国内唯一拥有有轨电车生产能力的大连将所有电车的车身做了实木包装，配以厚重典雅的着色，整体的感觉让人仿佛重回20世纪30年代。在鲁迅路站踏上一辆电车，坐在木制长椅上，在一片咣铛咣铛的行进声中，仿佛时光倒流，梦回故里。庆幸的是，这一年，阔别上海34年的有轨电车，终于重现浦东张江园区。之前有关专家对此做了多年专题可行性研究报告，申城建或不建有轨电车的说法牵动着不少阿拉上海人的心。在充满现代感的上海恢复怀旧味十足的有轨电车是否可行，很长时间没有定论。市政府最终综合城市交通、环保和旅游事业发展等诸多因素，在借鉴欧洲发达国家的经验基础上，将有轨电车还给了上海人（图4、图5）。

①—③：《上海公用事业志》（上海社科院出版社2000年1月版，第12、314、331页）

后记

策划这套书始于2009年初，那时我刚来到同济大学出版社工作，在选题开发上我对艺术类选题有了新的认识，对城市的历史发展、建筑、人文、艺术更加关注。同济大学具有百年历史，通过对她的发展、变迁以及独特的学科建设的思考，我拓宽自己选题思路。

两千多年前的亚里士多德曾说过这么一句话："人们为了生活来到城市，为了生活得更好留在城市。"这代表了人类对城市亘古不变的希冀与期待。

当时也是心血来潮想个题目"上海城市记忆"。开始写策划书，找作者，收集资料，编写写作计划。需要编写人员有足够的学识与写作经验来完成，这是不小的出版工程，写作难度比较大，文献资料，影像资料力求原始。作者找到了，由于种种原因拖延好久没有定夺，辗转三年多流产了。

互联网的迅速发展，多元化的信息交流，已经有近八年微博的我经常关注人文、艺术等城市影像内容，每天都见到关注我的粉丝，经常交流我们共同关注的内容。其中有个粉丝叫"乔茗星"的，用其儿子名字命名的微博，其本人叫乔士敏，80年代初上海美术学校毕业，1986年创办活跃于上海的巴黎咖啡厅艺术沙龙，2000年成立自己的艺术工作室。乔先生的作品特点是用摄影作品表现其绘画的艺术效果，体现本土文化的又一特点。我们交流得很深，有一个共同的爱好，都是学美术出身，对视觉艺术都有一个共同的兴趣点，那就是不间断记录这个城市变迁的过程、留取城市在时光中的片段、剪辑记忆在生活中的足迹。 珍重自然文化与历史文化，给了我们感悟与抚慰。

《上海城市记忆丛书》的编写运用文献、影像、人物采访等多种手段，立体式呈现近现代上海城市与市民生活发展的轨迹，反映上海国际大都市的沧桑巨变和风土人情。城市记忆从本质上说是一种文化记忆。城市应该成为一件艺术品，保留曾经在此居住和生活过的人们的想象力，从而涵养一种独特的历史记忆和人文气质。一幢幢就在人们身边的老房子，透过年轮的沧桑，折射出一段段耐人寻味的历史故事。百年建筑，建筑百年，表现的正是上海国际大都市的城市形象和城市精神。建筑不仅是上海城市精神和创造力的表现，更是这座国际化大都市乃至整个近代中国的现代化走向和发展脉络的折射点。

策划这套丛书，全面、系统总结、呈现上海建筑的历史风貌、时代变迁和今昔变革，

铅色的高楼大厦所带来的经济效益不可能长久，而一座城市的文化记忆却是永恒的。那些看似窄小破旧的弄堂，墙壁斑驳的旧式建筑，无一不是一本本具体真实的人类文化与城市发展轨迹的记录簿。历史和文化才是一座城市长盛不衰的魅力与个性。在这些老屋老街的背后所隐含着的民俗民风、独特历史构成了上海的底蕴和内涵，这些历经岁月沧桑却风光依旧的古建筑，浑身上下洋溢着的是一种无法替代的文化气质。

历史建筑和历史景观在城市中扮演着重要角色，它们是历史的见证。越是现代化的社会，越会将自己的传统和历史文化奉若神明。因为正是由于它们的存在，城市的发展才具有了历史的延续性和连贯性，生活在城市之中的市民才能拥有同一份记忆，才能让情感联系得更为紧密。

那泽民

2016 年 1 月 28 日于同济大学出版社

图书在版编目（CIP）数据

海上旧闻录 / 李建华著. -- 上海: 同济大学出版社, 2020.10
ISBN 978-7-5608-9271-9

Ⅰ. ①海… Ⅱ. ①李… Ⅲ. ①城市史—史料—上海
Ⅳ. ① K295.1

中国版本图书馆 CIP 数据核字 (2020) 第 133097 号

上海城市记忆丛书
海上旧闻录

策　　划　邢泽民　乔士敏

著　　者　李建华
责任编辑　邢泽民
装帧设计　润泽书坊+刘烨　毕晓艳　王建平
责任校对　徐春莲
出版发行　同济大学出版社
（地址：上海市四平路 1239 号　邮编：200092　电话：021-65985622）
网　　址　www.tongjipress.com.cn
经　　销　全国各地新华书店
印　　刷　上海丽佳制版印刷有限公司
开　　本　710mm×980mm　1/16
印　　张　12.75
字　　数　255000
版　　次　2020 年 10 月第 1 版
印　　次　2020 年 10 月第 1 次印刷
书　　号　ISBN 978-7-5608-9271-9
定　　价　68.00 元